GERD KOLBE

DAS KLEINE

Borussia Dortmund

BUCH

Weißt du noch?

Geschichten und Anekdoten

Fotonachweis:

Archiv Kolbe; Horstmüller: U 1, S. 78 o.

1. Auflage 2013

Druck und buchbinderische Verarbeitung:
Buchproduktion Finidr, s.r.o., Český Těšín

34128 Kassel, Richard-Strauß-Straße 33, Tel. (0561) 9 37 17 38
www.Herkules-Verlag.de

ISBN 978-3-941499-84-3

ÜBER DEN AUTOR

Gerd Kolbe als Pressesprecher des BVB 1977 mit Trainer Otto Rehhagel

Gerd Kolbe, geboren am 4. Februar 1945, war langjähriger Pressesprecher der Stadt Dortmund und organisierte als WM-Beauftragter für die Stadt die Fußball-Weltmeisterschaft 2006. Hierfür erhielt er mit dem City-Ring eine der wertvollsten Auszeichnungen Dortmunds.

Von 1976–1981 war Kolbe Pressesprecher des BVB. 1987 hob er gemeinsam mit Polizeidirektor Bernhard Leidinger die Dortmunder Fan-Treffs vor den internationalen Spielen des BVB aus der Taufe, die ab 1989 als Public Viewings stattfanden und die Grundlage für die Fan-Feste der WM 2006 bildeten.

Kolbe organisierte und moderierte darüber hinaus von 1989–2002 die Meisterfeiern des BVB auf dem Dortmunder Friedensplatz.

Heute ist er BVB-Archivar und -Historiker.

Im Rahmen der BVB-Meisterschaft 2011 kommentierte er gemeinsam mit ARD-Sportchef Steffen Simon die Übertragung des Autokorsos und der Meisterfeier im WDR-Fernsehen.

Darüber hinaus war er Berater von Innsbruck sowie der ukrainischen Städte vor den Fußball-Europameisterschaften 2008 und 2012 und von Rustenburg und Bloemfontein in Südafrika vor der WM 2010.

Zuletzt war er in Sao Paulo mit Blick auf die WM 2014 tätig.

Für das Buch „Der BVB in der NS-Zeit", erschienen im Verlag „Die Werkstatt", wurde Kolbe 2003 mit dem „Ewald-Sprave-Preis" gegen Hass und Gewalt und für Toleranz, soziales Engagement und Menschenwürde ausgezeichnet.

Bücher:

- Der BVB in der NS-Zeit
- Westfalenstadion Dortmund – die Geschichte einer Fußball-Bühne
- Ein Jahrhundert Borussia Dortmund
- Sternstunden

VORAB PERSÖNLICHES

EIN FAN WIRD GEBOREN

Der 21. Mai 1953 war ein Donnerstag. Der Donnerstag vor Pfingsten, um genau zu sein. An diesem Tag zogen die drei Kolbes – Vater Max, Mutter Hedwig und Sohn Gerd – in die dritte Etage der Staufenstraße 50 nach Dortmund um. Besser gesagt: Wir wurden umgesiedelt, wie es damals hieß. Ursprünglich aus Ueckermünde in Mecklenburg-Vorpommern, wurde meine Familie 1946 nach Itzehoe in Schleswig-Holstein vertrieben, wo wir die nächsten Jahre in einem Zimmer, das uns von Verwandten zur Verfügung gestellt wurde, mehr schlecht als recht lebten.

Und dann „rief" Dortmund. Das Ruhrgebiet mit seinen wirtschaftlichen Möglichkeiten, mit dem sich entwickelnden Wirtschaftswunder, das hier schon ein vitales Pflänzchen war.

Dortmund wird im Mai 1953 die neue Heimat der Familie Kolbe. Wir ziehen in die Staufenstraße 50, einen Steinwurf vom Stadion „Rote Erde" entfernt.

Umsiedler hatten nicht viel an Hab und Gut in einer neuen Wohnung unterzubringen. Deshalb kann es nicht verwundern, dass mein Vater schon am folgenden Freitag mit uns darüber sprach, wie wir denn unsere neue Heimat für uns erobern und kennenlernen wollten. Als Erstes kam ein toller Vorschlag, der allgemein auf Zustimmung stieß: Einige Kilometer südlich von uns, im Vorort DO-Brünninghausen, sollte nämlich am Pfingstsonntag ein Tierpark eröffnet werden. Dorthin konnte man mit dem Bus fahren; ein Auto hatten wir selbstverständlich nicht zur Verfügung. Gesagt, getan! Der Tierpark war toll und ein wirklich schöner Einstieg in das Thema „Dortmund".

Und dann hatte Vater Kolbe die Idee schlechthin, als er damit herausrückte, dass nicht viel mehr als einen Steinwurf von uns entfernt die Kampfbahn „Rote Erde" lag, in der Borussia Dortmund seine Heimspiele austrug. In der Oberliga West und – so wie am 24. Mai 1953 – auch die Vorrundenspiele zur deutschen Meisterschaft, die damals als Qualifikation zum Endspiel um die „Deutsche" ausgetragen wurden.

Der Gegner war der HSV, der Hamburger Sportverein. Genau der HSV also, den ich schon in Itzehoe in der Oberliga Nord im Spiel gegen den SV Itzehoe vor wenigen Monaten gesehen hatte. Hier hatten die Jungs von der Elbe mit ihren Cracks Horst Schnoor, Laband, Liese und Posipal, dem spä-

Anordnungen nicht nachkommen, kann derselbe vom Spiele ausschließen. Insbesondere ist den Spielern das Rauchen während der Spiele untersagt." Mit dieser Regelung scheint der BVB einen wunden Punkt der damaligen Zeit angesprochen zu haben. Kurze Zeit danach hieß es nämlich im Verbandsorgan „Körper und Geist": „Wir benutzen diese Gelegenheit, um dem Rasensportverbande nahezulegen, hin und wieder die Schiedsrichter beobachten zu lassen. Schreiber dieser Zeilen hatte Gelegenheit, einem Wettspiele beizuwohnen, wo der Schiedsrichter mit der größten Ruhe seine Zigarre rauchte. Was für einen Eindruck macht dieses Benehmen auf Spieler und Zuschauer."

1924: BVB mit Boxabteilung

BVB-Präsident Heinrich Schwaben war ein begeisterter Boxfan. Deshalb gründete er 1924 die BVB-Boxabteilung, die bis 1932 bestand. Die Boxer waren sehr selbstbewusst und dokumentierten dies auch nach außen. Für sie hieß BVB nicht „Ballspielverein Borussia", sondern „Boxen vom Borsigplatz!".

1926: Spieler fordern Handgeld

1926 kickte der BVB in der damals höchsten deutschen Spielklasse. Zu den Gegnern gehörte auch Bottrop, wo man unentschieden spielte. Nach dem Match erhielten die Spieler, die laut DFB-Statuten lupenreine Amateure sein mussten, jeweils satzungswidrige 2,30 RM bar auf die Hand. Der Vereinskassierer hatte für diese Zwecke eine „schwarze Kasse" angelegt. Wenn das der DFB gewusst hätte, wäre Borussia auf Dauer gesperrt worden. Die Spieler waren mit der Höhe des „Handgeldes" allerdings unzufrieden. Sie meuterten und wollten dem Kassenwart sogar „ans Leder". Erkenntnis: Auch im „sauberen" Amateurfußball galt: „Am Gelde hängt, zum Gelde drängt doch alles!"

1926: „Rote Erde" wird eröffnet

Die „Kampfbahn „Rote Erde" wird am 6. Juni 1926 mit dem Spiel der Dortmunder Stadtauswahl gegen Wacker München eröffnet.
München gewinnt mit 11:1. Das ist bitter! Kurios ist, dass der Münchener Spieler Karl Reiter an der Seitenlinie eine attraktive Maid aus DO-Dorstfeld entdeckt, in die er sich auf der Stelle verliebt. Die Zuneigung wird erwidert. Reiter bleibt in Dortmund, schließt sich dem DSC 95 an, heiratet seine Angebetete und gründet eine Familie, deren Enkel noch heute in DO-Dorstfeld leben.

1926: BVB-Damenabteilung gegründet

In den Vereinsnachrichten des BVB, Ausgabe August 1926, heißt es: „Die jüngste Abteilung unseres Vereins ist die Damenabteilung. Sie besteht sieben Wochen und zählt bereits 31 Mitglieder. Wider Erwarten sind die Damen mit großem Eifer und guter Beteiligung beim Training vertreten. Es bleibt nur zu hoffen, dass auch alle, die Sport betreiben wollen, wahre Sportsauffassung haben. Wer nicht von dem Willen beseelt ist, den Sport des Sports und der Körperkultur wegen zu betreiben, wird auch nicht in der Damenabteilung zum Ziele kommen. Hoffen wir also, dass wirkliche Sportbegeisterung und nicht die Sucht, die neue Mode „Sport" mitzumachen, das Leitmotto unserer Damen-Abteilung sein und bleiben möge." Das sollte heute mal jemand schreiben ...

1934: Schalke 04 in Dortmund frenetisch bejubelt

Der FC Schalke 04 wurde im Juni 1934 mit einem 2:1-Sieg über Nürnberg zum ersten Male deutscher Fußballmeister. Mit der deutschen Reichsbahn fuhr man tags darauf zurück in die Heimat. Bevor man aber Gelsenkirchen erreichte, machte der Zug einen Stopp in Dortmund. 150 000 begeisterte Fußball-Freunde geleiteten die Blau-Weißen vom Bahnhof wie bei einem Rosenmontagszug in das Dortmunder Rathaus, wo sich die Schalker in Anwesenheit des BVB als erster Fußballclub überhaupt in das Goldene Buch der Stadt eintragen durften und ihren „Meisterschluck" aus goldenen Bechern zu sich nahmen. Dem BVB war erst 77 Jahre später die Ehre einer Eintragung ins Goldene Buch vergönnt.

1936: Lenz als Olympionike

Der erste Olympiateilnehmer des BVB war Nationalspieler August Lenz, der 1936 im Aufgebot für „Berlin" stand. Adolf Hitler hatte im stillen Kämmerlein entschieden, dass Deutschland Olympiasieger werden sollte, dabei aber vergessen, dies den Norwegern mitzuteilen ...
In einem „Schandspiel", so die Presse später, unterlag Deutschland mit August Lenz als Sturmtank mit 0:2. Hitler, der dem Spiel beiwohnte, verließ wutentbrannt 20 Minuten vor Schluss das Stadion. Er soll sich nie wieder ein Fußballmatch angesehen haben. Das hat die Entwicklung des Fußballs in Deutschland fraglos positiv beeinflusst.

Frühe 1960er: „Max und Moritz"

„Max und Moritz", so lautete der Spitzname von Jürgen Schütz und Friedhelm „Timo" Konietzka. Die beiden Supertechniker und Torjäger, die in den frühen 1960ern die Ära des „Wiener-Schmäh-Trainers" Max Merkel prägten, hatten in der Tat Streiche wie die beiden Schlingel von Wilhelm Busch „auf der Pfanne". Von einem kuriosen Treffer in einem Freundschaftsspiel wird berichtet, bei dem sie den gegnerischen Torwart ausspielten und mit dem Ball am Fuß bis zum Tor liefen. Jürgen Schütz platzierte das Leder auf der Torlinie, Timo Konietzka fiel auf die Knie und brachte das Leder per Kopf ins Tor. Die Besucher schlugen sich vor Vergnügen auf die Schenkel. Dabei fiel kaum ins Gewicht, dass es sich in Wahrheit um eine Unsportlichkeit handelte, denn immerhin wurde der Gegner der Lächerlichkeit preisgegeben.

Jürgen Schütz (rechts) und Timo Konietzka (2. von links), hier mit Willi Burgsmüller (links) und Trainer Max Merkel, gingen als „Max und Moritz" in die BVB-Geschichte ein.

Da kann es nicht verwundern, dass sie einen Strafstoß ebenfalls für ihre Streiche „missbrauchten". Jürgen Schütz nahm einen gewaltigen Anlauf und legte dann den Ball, sacht mit der Innenseite „gestreichelt", Timo Konietzka drei, vier Meter diagonal vor die einschussbereiten Füße. Der flitzte in den Strafraum und hämmerte das Leder aus kürzester Distanz in die gegnerischen Maschen. Staunen auf allen Rängen! Der konsternierte Schiedsrichter musste sich erst mit seinen Linienrichtern bezüglich der Frage beraten, ob der Treffer regelgerecht erzielt worden war oder nicht. Er war!

1966: Bundesligaspiel mit fünf Elfmetern

Als Borussia Mönchengladbach im Februar 2013 im Spiel der Europa-League auf Lazio Rom traf, trauten die Besucher im Borussia-Park und an den Bildschirmen kaum ihren Augen: Der Schiedsrichter war ausgesprochen konsequent: Drei Foulspiele der Römer im Strafraum ahndete er mit Elfmetern. Zwei davon wurden souverän verwandelt, einer versemmelt. Das Ergebnis – 3:3 – ist bekannt. Gladbach schaute etwas betreten aus der Wäsche, die Gäste aus Rom warens zufrieden.

Der großartige Siggi Held (Mitte) bei einem seiner berühmten Sololäufe.

Drei Elfer in einem Spiel – toll! Aber es hat in der Fußball-Bundesliga schon einmal eine Partie mit sage und schreibe fünf Strafstößen gegeben: BVB-Star Siggi Held, der mit Lothar „Emma" Emmerich das legendäre Duo „Terrible Twins" bildete, wechselte Anfang der Saison 1966/67 von Offenbach zum BVB. Wegen gewisser Vertragsprobleme musste er die ersten Bundesligaspiele auf der Bank verbringen. Am 11. September 1966 war es dann endlich so weit: Im Match auf dem „Bökelberg" gegen Borussia Mönchengladbach durfte der pfeilschnelle Mittelstürmer zum ersten Mal im schwarz-gelben Trikot auflaufen. Die BVB-Premiere des blonden Fußballsprinters endete mit einem überraschenden 5:4-Erfolg seiner Farben. Und nicht nur das! Es wurde das Match der Bundesligageschichte mit den meisten Elfmetern – fünf an der Zahl! Am ersten war Held selbst beteiligt. Er wurde im Strafraum von einem gewissen Berti Vogts gelegt – Strafstoß! Lothar Emmerich, Borussias Torjäger vom Dienst, ließ sich nicht lange bitten, Tor! Emma verwandelte kurz danach noch einen Elfer, für Gladbach trafen Milder und Netzer vom ominösen Punkt. Zum Ende der Begegnung führten die Borussen mit 5:4. Der BVB-Sieg war

So sah ich 1953 das legendäre Stadion „Rote Erde" zum ersten Mal in meinem noch jungen Leben. Ich war stolze acht Jahre alt.

teren Weltmeister von 1954, haushoch gewonnen, was mich immer noch ein wenig wurmte. Würde sich der BVB eventuell genauso vorführen lassen?

Ich war also gespannt wie ein Flitzebogen und voller Vorfreude auf dieses Spiel. Da wir nur Stehplätze hatten, marschierten wir schon zwei Stunden vor dem Anpfiff ins Stadion. Die Partie war gespickt mit zahlreichen sportlichen Höhepunkten und entbehrte nicht einer gewissen Dramatik.

Bereits in der 6. Spielminute war der BVB durch Hans „Hänschen" Flügel in Führung gegangen. Mit diesem Ergebnis kam man auch aus der Halbzeitpause. Dann glich der HSV aus. Die Spannung stieg. Schiedsrichter Jacobi aus Mannheim war daran nicht unschuldig. Ein regelgerecht erzielter Treffer von Ady Preißler wurde von ihm zunächst nicht gegeben, dann – nach Protesten der Borussen und Befragung des Linienrichters – doch anerkannt. Die Gäste waren auf dem Baum, wollten sogar das Spielfeld verlassen. Als ob sie beweisen wollten, dass sie zu Recht führten, drehten die Borussen jetzt fulminant auf und siegten schließlich hochverdient mit 4:1. Das Spiel war so faszinierend, dass ich anschließend die ganze Nacht nicht schlafen konnte. So sehr hatten mich die Kwiatkowski, Michallek, Schanko, Sandmann, Flügel und Preißler in ihren Bann gezogen. Und aus dem Stand war ich – und bin es bis heute geblieben – ein Fan von Max Michallek, dessen Spielweise an Zauberei erinnerte.

So ganz am Rande sah ich natürlich in diesem BVB-Sieg auch eine kleine „Revanche auf Umwegen" des Itzehoer SV und freute mich, dass meine neue Heimatstadt Dortmund einen Club hatte, der sich sogar vor dem großen HSV nicht zu verstecken brauchte.

Der großartige Fußballer Max Michallek. Auch als Jockey machte er auf der Trabrennbahn eine gute Figur.

1945–1949:
Aus der Depression des Zweiter Weltkriegs wächst das unverwüstliche Pflänzchen Fußball zu neuer Vitalität. Der BVB wird 1947 Westfalenmeister, kurz danach erster Meister der Oberliga West. Mit dem deutschen Titel klappt es 1949 noch nicht.

KAUERMANN PLANT FUSION

BVB, NAME FUTSCH?

Dortmund lag 1945 in Trümmern; die Innenstadt war zu 93% zerstört. Der BVB – wie alle anderen Vereine auch – hatte aufgehört zu existieren. Die Alliierten hatten den Sport, der von den Nazis als Kriegsvorbereitung missbraucht worden war, kategorisch unterbunden. Erst nach und nach kehrten die Spieler aus der Kriegsgefangenschaft in die Heimat zurück. Nicht jedem jedoch war diese Rückkehr vergönnt. Viele große Talente des BVB bezahlten Hitlers Wahnsinn mit dem Leben.
Schon wenige Wochen nach der bedingungslosen Kapitulation trafen August Busse, Franz Jacobi, Heinrich Unger, Heinrich Karsten, Egon Pentrup, Fritz Weller und einige andere Getreue in der Gaststätte von Willi Schneider am Borsigplatz zur ersten BVB-Vereinssitzung nach dem Zweiter Weltkrieg zusammen.
Die Bestandsaufnahme war trostlos. Alle Unterlagen des BVB waren vernichtet, eine Brandbombe hatte die Geschäftsstelle in der Oesterholzstraße 60 völlig zerstört. Dort war der BVB am 19. Dezember 1909 einmal gegründet worden. Fast noch schlimmer: Jede Benutzung eines Sportplatzes war von der Genehmigung der britischen Militärregierung abhängig.

Fritz Kauermann (hintere Reihe, 2. v. links) war nach dem Zweiten Weltkrieg der starke Mann im Dortmunder Sport. Hier zeigt er sich mit dem BVB, dem Westdeutschen Meister 1953.

Kurze Zeit später im schwer durch den Bombenhagel gezeichneten Vereinslokal „Zum Wildschütz": In Anwesenheit des einflussreichen späteren Sportdezernenten Fritz Kauermann sprach man über die Wiedergeburt des Sports in Dortmund. Kauermann vom früheren Arbeiter-, Turn- und Sportverband hatte das Sagen in dieser Runde. Er übermittelte die Auflage,

dass die Briten nur solche Sportclubs zulassen würden, die durch politisch einwandfreie Vereinsfunktionäre vertreten werden konnten. Sein Wunsch sei es, so Kauermann weiter, den BVB aufzulösen und per Fusion in den Arbeitersport zu integrieren.
Selbst den künftigen Namen hatte er schon parat: „Freie Sportgemeinschaft Borussia von 1898/1909" sollte er lauten. Unter diesem Namen wurde der BVB dann auch für einige wenige Wochen bei der Militärregierung geführt. Die „Sportgemeinschaft Borussia" entsprang einer Fusion mit dem „Freien Sportverein 1898" und der Werksportgemeinschaft der Hoesch AG. Aus letzterer stammten übrigens so erfolgreiche BVB-Akteure wie Heinrich Ruhmhofer und Fritz Ibel, die mit den Borussen 1949 Deutscher Vizemeister wurden.

Egon Pentrup (3. v. links) anlässlich einer Ehrung für BVB-Legende August Lenz gemeinsam mit Sepp Herberger 1948/1949 in der „Roten Erde".

Aber die Borussen löckten einmal mehr in ihrer Vereinsgeschichte wider den Stachel – schon am 15. Juli 1945 galt wieder der „alte", traditionsreiche Name. Die Borussen führten erfolgreich ihre drei Widerstandskämpfer gegen Hitler argumentativ ins Feld und auch, dass sich der damalige Präsident Egon Pentrup 1933/34 den Nazis nicht gebeugt hatte. Er war nicht in die NSDAP eingetreten und hatte stattdessen sein Amt als Präsident zur Verfügung gestellt. Als „graue Eminenz" im Hintergrund hatte er aber weiterhin bis 1945 die Vereinsgeschicke mitbestimmt. Diese Argumente waren hieb- und stichfest!
Im Juli 1945 wurde Borussia Dortmund mit seinem kommissarischen Vorstand – Willi Bietzek war Vorsitzender und Franz Jacobi sein Stellvertreter – durch die Militärregierung offiziell bestätigt. Das erste Freundschaftsspiel nach dem Zweiten Weltkrieg machte der BVB im Hoeschpark – das Sta-

dion „Rote Erde" war weitgehend durch Bombenangriffe zerstört worden – gegen Unna 07/08. Die Partie endete 4:4. Es folgte an gleicher Stelle vor 25 000 Besuchern ein weiteres freundschaftliches Kräftemessen, diesmal war Union Gelsenkirchen der Gegner.

MAX MICHALLEK

EINER DER GRÖSSTEN BORUSSEN ALLER ZEITEN

Das Treffen fand in der Gaststätte Poth in Holzwickede statt. Da, wo sich heute an der Ecke Hauptstraße/Sölderstraße das Rewe-Einkaufszentrum befindet.

Teilnehmer: Die Mitglieder des provisorischen Vorstandes der Holzwickeder Spielvereinigung und der 25-jährige Max Michallek, die aufstrebende Fußball-„Spinne" vom Borsigplatz. Zeitpunkt: Mitte Juni 1945.

Michallek galt als Mann mit glänzender Zukunft. Er verkörperte den Typus Abwehrspieler mit Drang nach vorn. Der „Lange" war unbestritten das defensive und auch offensive Herzstück der BVB-A-Jugendmannschaft, die 1939 in Münster die HJ-Gebietsmeisterschaft mit 4:2 gegen den Nachwuchs des FC Schalke 04 gewonnen hatte. Deshalb trug sich der lange Schlacks auch mit zwei Treffern in die Torschützenliste ein. Keine Seltenheit für den begnadeten Techniker und späteren Wegbereiter des Liberos moderner Prägung, der auch schon mal den Wunsch seiner Gattin Ady erfüllte, ein Tor „nur für sie" punktgenau in die Ecke zu erzielen, die sie sich vor dem Match ausgesucht hatte.

Der Max war Borusse mit Leib und Seele. Als aber nach dem verlorenen Weltkrieg die Alliierten das Sagen hatten und zunächst rigoros jeglichen Sport verboten, sah die Zukunft auch für den begnadeten Kicker vom Borsigplatz gar nicht mehr so rosig aus.

Die Engländer lockerten später zwar ihr barsches „Nein" ein wenig und ließen mit sich über mögliche Rahmenbedingungen eines sportlichen Neubeginns verhandeln. Dabei achteten sie aber akribisch darauf, dass keine Ex-Nazis verantwortliche Positionen in den Vereinen übernahmen.

Max Michallek (rechts), gemeinsam mit den Borussen Kronsbein, Ruhmhofer, Schanko, Preißler und Kasperski 1949 in der Westdeutschen Auswahl.

Der Plan des Fritz Kauermann, den BVB aufzulösen und zur „Freien Sportgemeinschaft Borussia von 1898/190“ zu verschmelzen, war umstritten am Borsigplatz. Junge Männer wie Max Michallek fühlten sich zum zweiten Male in ihrem jungen Leben ihrer sportlichen Heimat beraubt.
Bei Michallek reifte der Entschluss: „Wenn es keinen BVB mehr gibt, haue ich ab.“ Der gesellige und sehr beliebte Max hatte traditionell gute Beziehungen zu zahlreichen Clubs der Umgebung. Hierzu gehörte auch die Spielvereinigung Holzwickede, kurz „HSV“ gerufen. Holzwickede war nicht weit vom Borsigplatz entfernt, aber schon deutlich ländlich-sittlicher. Ackerbau und Viehzucht verhießen Kalorien für ausgemergelte Fußballcracks. Als der HSV Wind von Michalleks Vorstellungen bekam, handelte er schnell.
Und so kam es zu dem Treffen bei Poth. Rasch war man sich einig: Der Max sollte wechseln, um ihn herum wollte man eine schlagkräftige Elf aufbauen. Beim Training ließ der künftige Neuzugang schon sein großes Können aufblitzen – die HSV-Verantwortlichen waren höchst angetan.
Doch dann platzte der Coup, bevor er konkret geworden war: Der BVB-Vorstand hatte es doch tatsächlich geschafft, das Fusionsgespenst zu verscheuchen. Borussia war wieder eigen- und selbstständig. Da atmete man auf rund um den Borsigplatz. So auch Max Michallek, der seine Abwanderungspläne ad acta legte und selbstverständlich „seinem BVB“ treu blieb, der wie der sprichwörtliche Phoenix aus der Asche wiedererstanden war.
Max Michallek gilt als einer der besten Fußballer, die der BVB in seiner über 100-jährigen Geschichte hervorgebracht hat: Der legendäre Mittelläufer der Meistermannschaften von 1956 und 1957 wurde 1922 in Dortmund als Max Michalski geboren. Die Eltern änderten später den Namen in Michallek.
Schon als Schüler stieß der hochgewachsene Knabe, den man wegen seiner langen und dünnen Beine „die Spinne“ nannte, zum BVB.
Nach dem Zweiten Weltkrieg, den der junge Flakhelfer unbeschadet überstanden hatte, wartete eine große Karriere auf den selbstbewussten Außenläufer, der rasch über Dortmund hinaus bekannt wurde. In der Westfalen- und der Westdeutschen Auswahl brillierte er mit unnachahmlicher Technik und fulminanter Schusskraft.

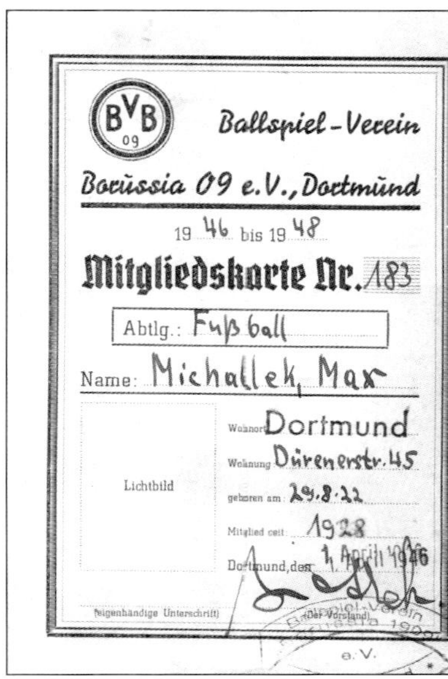
BVB 09
Ballspiel-Verein
Borussia 09 e.V., Dortmund
19 46 bis 19 48
Mitgliedskarte Nr. 183
Abtlg.: Fußball
Name: Michallek, Max
Lichtbild
Wohnort Dortmund
Wohnung Dürenerstr. 45
geboren am 29.8.22
Mitglied seit 1928
Dortmund, den 1. April 1946
(eigenhändige Unterschrift)
(Der Vorstand)

Ein historisches BVB-Dokument: Max Michalleks Mitgliedskarte Nr. 183 vom 1. April 1946.

1947 war er Mitglied der Westfalenmeisterelf, 1949 wurde er deutscher Vizemeister in der „Sonnenschlacht" von Stuttgart. Die Höhepunkte seiner Karriere aber kamen in den 1950er-Jahren. Michallek spielte jetzt Mittelläufer und interpretierte diese Rolle so, dass er praktisch als Wegbereiter des späteren Libero angesehen werden kann. 1956 und 1957 gehörte er zu den tragenden Säulen jener Mannschaften, die in absolut identischer Aufstellung zwei Mal in Folge deutscher Meister wurden und damit Sportgeschichte schrieben.

1959 beendete der lange Max seine ruhmreiche Karriere, ohne ein einziges Länderspiel absolviert zu haben. Über die Gründe ist viel spekuliert worden. Fakt ist, dass Fritz Walter einmal in einem Interview gesagt hat, dass der von ihm sehr geschätzte Max Michallek eigentlich aufgrund seines großartigen Könnens in das Team der Weltmeisterschaft 1954 gehört hätte. Aber: die „Spinne" rauchte schon mal ein Zigarettchen und trank gern ein leckeres „Dortmunder" .Vielleicht hatte Bundestrainer Herberger, ein Fanatiker in Sachen Disziplin, deshalb etwas gegen den eigenwilligen Dortmunder.

Michallek stellte sich anschließend als Jugendtrainer, in den schweren Jahren nach dem Bundesligaabstieg auch als Co-Trainer für die 1. Mannschaft in den Dienst seiner Herzenssache „BVB".

1985 ist der große Fußballstratege verstorben.

KALORIENSPIELE

IN SAUERLAND UND MÜNSTERLAND

Bereits Ende August 1945 begann in Dortmund und Umgebung wieder ein halbwegs geordneter Spielbetrieb. Borussia und acht weitere Clubs schlossen sich in der „Gauliga Westfalen, Gruppe 2" zusammen.

Es fehlten Bälle und einheitliche Sortkleidung. Die Transportprobleme zu Auswärtsspielen waren groß. Hinzu kamen die allgemein bekannten Probleme der Nachkriegszeit, angefangen bei unzureichender Lebensmittelversorgung bis hin zur Beschaffung von Hausrat und Kleidung. So kam man beim BVB auf die Idee, so genannte „Kalorienspiele" in Sauerland und Münsterland durchzuführen. Jean Krümel, der Schwiegervater des gefallenen Spielers Ernst Stachorra, hatte einen überdachten Lieferwagen, mit dem die Mannschaft gefahren wurde. Das ausgesprochen abenteuerlich anmutende Gefährt würde heute ohne Frage mit dem Qualitätsprädikat „für Transporte jedweder Art ungeeignet" ausgezeichnet. Aber heute ist eben nicht 1947 ...

In der ganzen Region um Dortmund herum freute man sich auf die Fußballkünste der berühmten Borussen. Rechtsaußen Herbert Sandmann hatte stets ein Akkordeon bei sich, dem er zur Freude der Spieler und Besucher gekonnt „harmonische Töne und liebliche Melodien" entlockte.

Anlässlich der „Kalorienspiele" in Sauerland und Münsterland gehörte es dazu, dass die ganze Mannschaft voller Vorfreude auf ein leckeres Mittagessen eigenhändig die Kartoffeln schälte.

So stand 1947 auch ein Gastspiel beim TuS Medebach auf dem Programm. Als „Gage" für das Spiel erhielt man eine anständige Portion zu essen, einen Sack Erbsen, Strümpfe, Mehl und sogar einen halben Schinken für die Familie zu Hause. Das war damals eine außerordentlich wichtige und nahrhafte „Fußball-Währung" und viel mehr wert als die immer noch gültige Reichsmark.
Übrigens: Die Borussen gewannen in Medebach mit 9:1. Bester Mann der Gastgeber war Torhüter Siegfried Kürten. Der Ehrentreffer fiel kurios: Ein

BVB-Kalorienspiel 1947 in Medebach. Die Mannschaft präsentiert sich dem Publikum. Links Vorstandsmitglied Egon Pentrup.

Schuss aus dem eigenen Strafraum wurde mit Windunterstützung zurückbefördert, über BVB-Torhüter Kronsbein hinweggeblasen und ins Borussentor geweht. Die Borussen begeisterten so sehr, dass sie ein Jahr später erneut eingeladen wurden. Diesmal gewannen sie „nur" mit 7:4.
Die beliebten Kalorienergänzungen wurden am Borsigplatz regelrecht kultiviert und bis in die 1950er-Jahre beibehalten. Ein Nordstadt-Metzger und BVB-Fan spendierte jedem Akteur der 1. Mannschaft Woche für Woche ein opulentes Fleisch- und Wurstpaket, das sich höchster Beliebtheit bei den Familien erfreute.

MIT TAKTISCHEN FINESSEN

WESTFALENMEISTER

Spiele zwischen dem BVB und dem FC Schalke 04 gibt es seit 1925. Vor dem Zweiten Weltkrieg gelang es dem BVB nur einmal, im November 1943 nämlich, die Knappen zu bezwingen.
Schalke war übermächtig, Schalke war bewunderungswürdig. Und fast unschlagbar. So ging es auch nach dem Krieg zunächst weiter: 1946 wurde Schalke zum zwölften Male Westfalenmeister. Die Brüder Klodt, Szepan, Kuzorra und Co. hatten auch im Jahr danach ihre Gruppe 1 der Westfalenliga klar dominiert. In der Gruppe 2 hatte sich der BVB mit seinem neuen Trainer Ferdinand Fabra durchgesetzt. Fabra war ein Trainerfuchs, der sich gern taktische Varianten ausdachte, um den Gegner zu verwirren.
Das Endspiel um die Westfalenmeisterschaft 1947 wurde für Sonntag, dem 18. Mai, im Stadion am Schloss Strünkede zu Herne angesetzt. Ein neutraler Ort zwar, aber ziemlich nahe an Gelsenkirchen gelegen. In Wahrheit also ein verkapptes Heimspiel für die Schalker.
Borussia zog sich nach Niedermarsberg ins Trainingslager zurück. Hier schmiedete Fabra seinen Schlachtplan für das große Kräftemessen. Seine Idee: Wir müssen den Schalker Kreisel außer Gefecht setzen, dann haben wir eine Chance. Ausgangspunkt des Kreisels war seit Jahren Otto „Ötte" Tibulski, Mittelläufer der Knappen. Fabras Plan:

Herbert Sandmann, Torschütze im legendären Endspiel um die Westfalenmeisterschaft 1947.

DER SPORT am Sonntag

onderausgabe Montag, 19. Mai 1947

eim 25. Anlauf zweiter Sieg: 3:2 (0:1)

Borussia Dortmund Westfalenmeister

Hochklassiges Mannschaftsduell trotz strömenden Regens

SaS-Sonderbericht). Meisterwechsel im westfälischen Fußball! Zum ersten Male seit 1 Jahren! Die sechsfache Deutschmeisterelf Schalkes hat im Lande der Roten Erde inen würdigen Bezwinger gefunden. Borussia 09 Dortmund hat die europaberühmte lf in Königsblau entthront. Fußball-Deutschland wird aufhorchen.

Vären nicht militärische Ausdrücke verönt, man müßte von einer Invasion der ortmunder Fußballfreunde sprechen, die iit 15 000 von insgesamt 30 000 Zuschauern ırem Meister der Gruppe 2 in Herne den ücken deckten und stärkten, trotz schlechsten Wetters, trotz außerordentlich ungüngiger Verkehrsverhältnisse, trotz strömenden egens während des ganzen Spiels. Die Beeisterung kannte keine Grenzen, als Borusa durch unvorstellbare Energieleistungen er ganzen Elf durch Ruhmhofer als Vollrecker zum zweiten Male den Schalker orsprung wettgemacht und durch hervoragende mannschaftliche Zusammenarbeit ıit Sandmann als Vollender wenige Minun vor dem Schlußpfiff das 3:2, den Sieg nd die Meisterschaft herausgeholt hatte. rotz aller Bitten der Polizei, den Rasen ı schonen, stürmten die Massen den Platz nd trugen August Lenz mit Lorbeerkranz nd Schleife auf den Schultern aus der rena des Triumphes.

war ein Triumph des größeren Siegeswilıs über die unbestreitbar immer noch reie Spielkultur.

ine Sonderwertung

bt man bei dem Versuch einer Analyse in ıgleichung an die Wertung im Kunstturnen r Höchstleistung auf jedem Einzelgebiet s Fußballs 10 Punkte, so kommt man zu lgendem überraschenden Ergebnis.

chnik: Schalke 10, Borussia 9 Punkte;
nsequenz des W-M-Stils: Schalke 10, Borussia 9 Punkte;
ırte in fairem Sinne: Schalke und Borussia je 9 Punkte;
ktik: Borussia 10, Schalke 9 Punkte;
rperliche Form: Borussia 10, Schalke 9 P.;
ralische Widerstandsfähigkeit: Borussia 10, Schalke 9 Punkte;
nzentration auf dieses allein entscheidende Spiel: Borussia 10, Schalke 8 Punkte;
esamt: Schalke 64 P., Borussia 67 Punkte.

Stimmen zum Kampf

Hugo Grömmer (Arnsberg), Sekretär des Zonensportrates: „Borussia hat auf Grund der großartigen Tagesform und des Eifers und Siegeswillens verdient gewonnen."

Dr. Siegert (Schwelm), Vorsitzender des westf. Spruchausschusses: „Der bewunderungswürdige Eifer der Borussen hat in diesem schweren Spiel den Ausschlag gegeben. An der Gerechtigkeit des Ergebnisses ist nicht zu zweifeln. Borussias Sieg wird dem westfälischen Fußball leistungsmäßig starken Auftrieb geben."

Bürgermeister Eichmann (Marl), Mitglied des westf. Spielausschusses: „Schalke verließ sich trotz manchen kämpferischen Einsatzes allzu sehr auf seine Erfahrung. Das allein konnte gegen eine Mannschaft mit solcher Kampfkraft den Erfolg nicht gewährleisten. Die Borussen haben daher verdient gewonnen."

Konrad Schmedeshagen (Gelsenkirchen), Spielausschußobmann Westfalen: „Trotz des strömenden Regens und des glatten Bodens ein temporeiches Kampfspiel mit vielen technischen und taktischen Glanzlichtern, ein Spiel, würdig der westfälischen Meisterschaft. Der Eifer der Dortmunder war entscheidend für ihren ehrlich verdienten Sieg."

Ernst Kuzorra, Schalkes Mannschaftskapitän: „Unser Spiel wollte diesmal einfach nicht laufen. Bei der Beurteilung darf nicht vergesesn werden, daß durch Berni Klodts Verletzung 25 Minuten vor Schluß unserem Angriff der weiträumige Schwung und damit die alte Gefährlichkeit gerade in kritischer Phase des Kampfes genommen war."

Fritz Thelen, Schalkes einstiger Mittelstürmer und bisheriger Trainer von Borussia 09: „Die Borussen haben verdient gewonnen. Der Einsatz und der Kampfeswille, zweimaligen Trefferrückstand aufzuholen, waren ausschlaggebend."

(Fortsetzung auf Seite 2)

Borussias gefährlichster Angreifer, August Lenz, sollte eine völlig neue Rolle spielen und nicht stürmen, sondern Tibulski decken und diesen nicht zur Entfaltung kommen lassen.
Gesagt, getan. 30 000 begeisterte Fußballfans erlebten einen beherzten BVB, der bei strömendem Regen den Schalkern gekonnt Paroli bot.
Und: Fabras Taktik erwies sich als richtig. Der blau-weiße Kreisel wurde von Lenz im Keim erstickt.
Borussia siegte mit 3:2 nach Treffern von Max Michallek, Heinrich Ruhmhofer und Herbert Sandmann, der 1947 bereits als 17-Jähriger zu Meisterehren kam.
Mit diesem Sieg brachen die Schwarz-Gelben die jahrzehntelange Vormachtstellung der Blau-Weißen in Westfalen. Sowohl in der 1947 eingeführten Oberliga West als auch nach 1963 in der Bundesliga war der BVB national und international der erfolgreichste westfälische Fußballclub.
Torschütze Herbert Sandmann war übrigens der erste Borusse, der 1949 den Weg zu den Blau-Weißen suchte und fand. Er wurde von BVB-Trainer Edy Havlicek nicht wunschgemäß eingesetzt und gehörte nicht zum Kader für die Endrunde 1949. Das machte den dribbelstarken Sprinter auf dem rechten Flügel sauer und lenkte seine Schritte in Richtung Gelsenkirchen. Dort spielte er mit dem großartigen Schalker Torwarttalent Heinrich Kwiatkowski zusammen, der 1953 über die Zwischenstation Rot-Weiß Essen zum BVB stieß. Dorthin war Sandmanns Herbert schon im Jahr zuvor wieder zurückgekehrt.

STARTSCHUSS FÜR DIE FUSSBALL-OBERLIGA WEST

BVB ERSTER WESTDEUTSCHER MEISTER

Die Bundesliga, heute unser Maß aller Dinge im Fußball, wurde vom DFB nach jahrelangen Querelen bekanntlich im Juli 1962 im Goldsaal der Dortmunder Westfalenhalle beschlossen. Damit endete ein Jahr später die Geschichte der „Oberliga West", die am 2. September-Wochenende 1947 ihre Geburtsstunde erlebte.
Eine Geburtsstunde, die buchstäblich aus den Trümmern des Zweiten Weltkrieges heraus entstand. Die Freude am Fußball ließen sich die Menschen selbst in schwierigsten Zeiten nicht nehmen.
Neben den arrivierten Clubs wie dem BVB, Schalke 04, Düsseldorf oder Aachen waren fast vergessene Vereine wie Sportfreunde Katernberg, STV Horst-Emscher, VfR Köln, Preußen Dellbrück und der VfL Witten in der Gründungs-Spielzeit vertreten.
Als Favoriten galten der Altmeister FC Schalke 04 und der frischgebackene Westfalenmeister BVB mit Trainer Ferdinand Fabra. Borussia vertraute auf die bewährten Kräfte rund um Ady Preißler, „Pat" Koschmieder, August

zum Meisterschaftskampf in der Westdeutschen Oberliga

Borussia Dortmund – Schalke 04

Sonntag, den 18. Januar 1948

Max Michallek – Ballkünstler und Aufbauspieler

Der langaufgeschossene, hagere und sympatische Außenläufer ist in den letzten zwei Jahren zu einem der besten u. bekanntesten Spieler Westdeutschlands herangereift. Sein Rastelli ähnliches Ballgefühl, seine Maßvorlagen und sein kluges Einfädeln von Angriffen, gepaart mit famoser Ballführung und temperamentvollem Drang nach vorn und placierten Fernschüssen, sind Tugenden, die ihn in hervorragendem Maße auszeichnen und für höchste Aufgaben empfehlen.

Die „Westdeutsche Sonder-Vorschau“ zum Oberliga-Meisterschaftsspiel BVB – FC Schalke, das die Schwarz-Gelben mit 1:0 vor 46 000 Besuchern gewannen.

Lenz, Max Michallek und Keeper Willi Kronsbein. Als Neuling empfahl sich ein gewisser Erich Schanko aus Bövinghausen.

Der BVB startete mit einer Heimbegegnung gegen die Sportfreunde aus Katernberg. Bei denen stand ein 18-Jähriger im Tor, Kubsch mit Namen. Er sollte 1954 gemeinsam mit Borussias Heini Kwiatkowski und Toni Turek als WM-Torhüter in die Schweiz fahren. Letzterer, von den Fans liebevoll „Kwiat" gerufen, stand zur Oberliga-Premiere 1947 übrigens noch im Gehäuse des FC Schalke 04. Ein weiterer Deutscher Doppelmeister des BVB der 1950er-Jahre, Fred Kelbassa, jagte Anno 1947 noch beim STV Horst-Emscher dem runden Leder nach.

Damals sah die „Rote Erde" noch keineswegs wie ein funktionstüchtiges Sportstadion aus. Als Folge der alliierten Luftangriffe war beispielsweise die gesamte Tribüne ein riesiger Bombenkrater. Trotzdem durfte der BVB seine Oberliga-Premiere hier absolvieren. Gut, es gab keine Umkleidekabinen für die Spieler. Aber dafür hatte man ja das benachbarte Schwimmstadion Volkspark. Also zogen sich die Akteure dort um und erreichten das Stadion durch das Marathontor im Süden. Die 25 000 Besucher standen Spalier und jubelten den Akteuren zu.

Borussia wirkte in der Auftaktpartie spielerisch reifer, technisch und taktisch besser geschult. Insbesondere die Außenläufer Michallek und Janowski waren Trumpfkarten im schwarz-gelben Aufbauspiel. Katernberg stellte sich zwar als kampfstarkes Team vor, zog insgesamt aber mit 0:3 Toren den Kürzeren. Die Tore für den BVB schossen Ibel und Lenz (2).

Den ersten Spieltag der Oberliga West verfolgten insgesamt 100 000 Besucher. Die Borussen wurden übrigens nach Abschluss der 24 Saisonspiele der erste Westdeutsche Meister der Oberliga-Geschichte. Im Hoesch-Park ver-

Sechs-Tage-Kaiser Gustav Kilian (Mitte) gratuliert 1948 dem frischgebackenen Westdeutschen Meister Borussia Dortmund in der Hoesch-Kampfbahn.

sammelte sich die Fabra-Truppe Anfang Mai 1948 nach dem Triumph in der Meisterschaft zum Bad in der Menge. Auch der legendäre „Sechs-Tagerennen-Kaiser" Gustav Kilian gehörte zu den Gratulanten. Vizemeister wurde Katernberg. Der FC Schalke landete nur auf einem enttäuschenden sechsten Rang. Die große Zeit der Knappen ging zu Ende. Borussia hingegen wurde bis 1963 der erfolgreichste Club im Westen mit insgesamt sechs Titeln. Hinzu kamen die Deutschen Meisterschaften 1956, 1957 und 1963.

FERDINAND FABRA

BORUSSIAS ERSTER MEISTERTRAINER

Ferdinand Fabra, der erste Meistertrainer, den der BVB in seiner ruhmreichen Geschichte hervorgebracht hat, war ein Glücksgriff für den Verein. Blicken wir einmal zurück auf das Frühjahr 1947. Borussias Trainer Fritz Thelen zog es zurück nach Gelsenkirchen. Der BVB brauchte also einen neuen qualifizierten Coach. Die internen Zirkel tagten und der mittlerweile aus der Kriegsgefangenschaft zurückgekehrte August Lenz warf den Namen Ferdinand Fabra in die Runde. Lenz, dessen Wort beim BVB sehr viel galt, hatte Fabra 1935 als Fußball-Lehrer beim DFB kennengelernt.
Die kurze Ansprache der BVB-Ikone klang etwa wie folgt:
Liebe Sportkameraden, ich schlage Ferdinand Fabra vor. Ich habe Fabra 1935 als Assistent von Reichstrainer Prof. Otto Nerz als einen Mann mit ausgesprochenem Fußballverstand erlebt. Er hat selbst über Jahre hinweg aktiv in der Gauliga gespielt. Auf Bitten von Nerz ist er nach seinem Sportlehrerexamen zum DFB gegangen und assistierte hier gemeinsam mit Sepp Herberger dem Reichstrainer. 1936 wurde er zum finnischen Fußballbund „ausgeliehen", dessen Olympiamannschaft er auf Berlin vorbereitete. 1939 wurde Fabra mit Schlesien Deutscher Meister im Reichsbundpokal. Seine Schlesier schlugen die favorisierten Bayern mit 2:1. Darüber hinaus wurde die von Fabra betreute Universität Breslau im selben Jahr Deutscher Hochschulmeister.
Wenn ich mich nicht irre, trainiert Fabra derzeit den Wolfenbütteler Sportverein. Es müsste doch mit dem Teufel zugehen, wenn wir ihn nicht für den BVB begeistern könnten.

Ferdinand Fabra, erster Meistertrainer von Borussia Dortmund.

Gesagt, getan. August Lenz wurde auf Ferdinand Fabra angesetzt – und das mit Erfolg. Im Frühjahr 1947 übernahm Fabra den BVB. Und schon wenige Monate später gab es die erste Meisterschaft des BVB zu feiern. In dem legendären Spiel am Schloss Strünkede zu Herne wurde der FC

Schalke 04 im Kampf um die Westfalenmeisterschaft mit 3:2 besiegt. Fabra hatte eine brillante Taktik ausgeklügelt, der die Knappen nicht gewachsen waren. Diese Rasenschlacht ist in die Annalen beider Vereine eingegangen. Doch damit nicht genug! Es folgten die Spiele um die „Britische Zonenmeisterschaft“, in denen der BVB ebenfalls eine erstklassige Figur machte und erst im Endspiel dem HSV unterlag. Nach diesen Ereignissen wurde 1947 die Oberliga West eingeführt, die ja bekanntlich bis 1963 bestand. Mit dem Trainer Ferdinand Fabra wurde Borussia Dortmund erster Westdeutscher Meister der Oberliga-Geschichte.

Leider endete mit Ablauf der Saison 1947/48 das Engagement Fabras beim BVB. Die Borussen waren – so war die Situation damals nun mal – nicht in der Lage, ihrem Fußball-Lehrer eine angemessene Wohnung zur Verfügung stellen zu können.

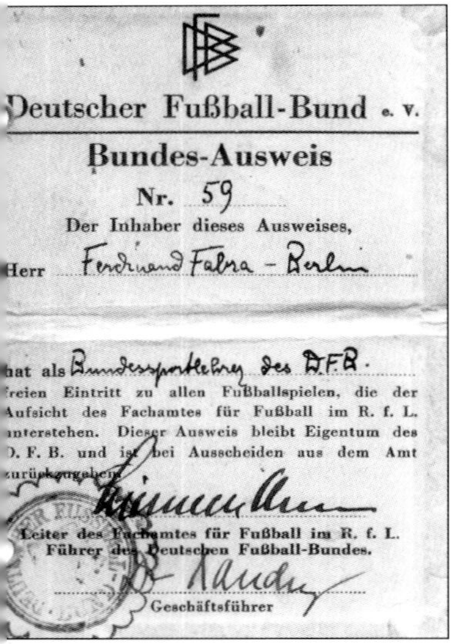
Deutscher Fußball-Bund e. V.
Bundes-Ausweis
Nr. 59
Der Inhaber dieses Ausweises,
Herr Ferdinand Fabra - Berlin
hat als Bundessportlehrer des DFB.
freien Eintritt zu allen Fußballspielen, die der Aufsicht des Fachamtes für Fußball im R. f. L. unterstehen. Dieser Ausweis bleibt Eigentum des D. F. B. und ist bei Ausscheiden aus dem Amt zurückzugeben.
Leiter des Fachamtes für Fußball im R. f. L.
Führer des Deutschen Fußball-Bundes.
Geschäftsführer

DFB-Trainerausweis von Ferdinand Fabra aus dem Jahre 1934.

Auch die BVB-Handballdamen, die fast alle in den schönen Ferdinand verliebt waren, bedauerten den Weggang des Erfolgstrainers, wie noch kürzlich die Schwester des früheren Abwehrrecken Erwin Halfen ausplauderte. Der weitere Trainerweg führte Fabra mit viel Erfolg zu Borussia Neunkirchen, Preußen Münster und zur Spielvereinigung Fürth. Aus familiären Gründen entschied er sich Mitte der 1950er-Jahre, das Vagabundenleben eines Trainers aufzugeben und wurde als Gymnasial-Sportlehrer in Lippstadt sesshaft. Hier wurde er schon in den frühen 1960er-Jahren zum anerkannten Schulschachpionier. 2007 wurde deshalb im Rahmen des weltweit bedeutenden „Sparkassen Chess-Meeting“ der „Ferdinand-Fabra-Preis“ für den Dortmunder Schachnachwuchs eingeführt und erstmals verliehen. Fabra verstarb Ende 2007 hoch betagt im Alter von 101 Jahren.

MAX MICHALLEK ALS HEIZER

BVB DEUTSCHER VIZEMEISTER

Max Michallek war ein genialer Fußballer, manchmal allerdings auch ein Meister der Eskapade. Beispiele gefällig?

1949 spielte der Westdeutsche Meister BVB in der Vorrunde zur deutschen Meisterschaft gegen den BSV 92 Berlin. Der lange Max hatte die Abfahrt

seiner Truppe nach Berlin schlichtweg verschlafen. Als er zum Hauptbahnhof kam, fuhr lediglich noch ein Güterzug in die alte deutsche Hauptstadt. Michallek verdingte sich flugs als Heizer, schippte kräftig Kohle in den Kessel und kam abends schwarz wie ein Schornsteinfeger im Mannschaftshotel an. Das Hindernis bei der Einfahrt in die „so genannte DDR“, die Zonengrenze in Helmstedt nämlich, hatte er, in seiner Heizerkabine bestens versteckt, unbeschadet passiert. Hätten ihn die Sowjets, die damals noch die innerdeutsche Grenze bewachten, erwischt, wäre er im Knast gelandet. Anstelle dessen konnte er sich von seinen Mannschaftskameraden als „Spätheimkehrer“ feiern lassen.
Gut geduscht und gut gelaunt ging es am nächsten Tag ins Olympiastadion. Hier spielte sich eine sporthistorisch bedeutsame Episode ab: Mit diesem Match übergaben die Engländer, vertreten durch den britischen Stadtkommandanten Bourne, das Stadion der Olympischen Spiele von 1936 wieder in deutsche Hände. Bourne ließ es sich nicht nehmen, den Anstoß symbolisch selbst auszuführen. Fritz Reuter, der berühmte Berliner Regierende Bürgermeister, applaudierte begeistert und war anschließend wieder „Herr im eigenen Stadion“!

Symbolischer Anstoß des britischen Stadtkommandanten Berlins, General Bourne, vor dem Spiel BSV 92 – Borussia Dortmund.

Der BVB gewann souverän 5:0. Mit Abstand bester Mann auf dem Platz war „Hilfsheizer“ Max Michallek, der nicht nur sagenhaft kickte, sondern zwei der fünf BVB-Tore auch noch selbst erzielte. Nach diesem in der Tat historisch zu nennenden Sportereignis setzte sich der BVB in zwei legendären Begegnungen

Die Sonder-Vorschau

zum Endspiel um die Deutsche Fußballmeisterschaft

Borussia Dortmund – VfR Mannheim

Freitag, den 8. Juli 1949

Stuttgart im Taumel des Endspiels!

Fußball-Deutschland erlebt am 10. Juli mit dem Endspiel um die Meisterschaft seinen höchsten Feiertag

Leider sind unsere Stadien für solche Kämpfe längst zu klein geworden. Fleißige Hände schufen in den letzten Wochen in Stuttgart eine Nottribüne, so daß erstmalig nach dem Kriege ein Zuschauerrekord gemeldet werden kann. 90000 Fußballfans werden zugegen sein, wenn Borussia Dortmund und VfR Mannheim in die Arena des Neckarstadions einlaufen. Die Fachwelt stempelt Borussia Dortmund nach dem grandiosen Sieg über Kaiserslautern zum Favoriten. Wenn das Endspiel den gleichen Leistungsstandard erreichen sollte, wie der Vorschlußrundenkampf in Köln, werden die Besucher begeistert und zufrieden, um ein Erlebnis reicher, das Neckarstadion verlassen.

Der Zweikampf Mittelläufer - Mittelstürmer

Kurt Kauerleber

Edmund Kasperski

Seitdem unsere Mannschaften in Deutschland nach dem WM-System spielen, kennt der moderne Mittelläufer nur eine Aufgabe: den gegnerischen Mittelstürmer zu stoppen. Dieser aber versucht in den meisten Fällen durch geschicktes Rochieren auf die Flügel seinem Bewacher zu entweichen. Dieses oft geschaute Bild werden wir auch im Endkampf um die Deutsche Meisterschaft erleben: Kasperski, der geschmeidige, in seiner Spielweise unauffällige Mittelstürmer der Borussen in ständigem Zweikampf mit Kauerleber, dem gutgewachsenen, schlagsicheren Mittelläufer des VfR.

Vorschau auf das Endspiel um die Deutsche Meisterschaft 1949.

gegen den damals fast übermächtigen 1. FC Kaiserslautern durch. Einem 0:0 in München folgte ein großartiges 4:1 in Köln. Borussias Ersatzmann im Tor mit dem schönen Namen Günter „Bubi" Rau spielte überirdisch, wie es der große Fritz Walter einmal in einem Interview ausdrückte, und war der Garant für den schwarz-gelben Erfolg. Damit war der Weg frei für das Endspiel um die deutsche Meisterschaft 1949 gegen den VfR Mannheim.
Der BVB unterlag in der berüchtigten Hitzeschlacht von Stuttgart nach 120 Minuten mit 2:3. In dieser Partie verlor Außenläufer Erich Schanko nach einem hässlichen Ellenbogencheck vier Zähne, kämpfte aber unverdrossen weiter. Max Michallek hatte sich im Trainingslager einen Fuß verstaucht und hätte eigentlich nicht spielen können. Das passte allerdings nicht in Michalleks Vorstellungen. Er bewies seinem Trainer Edi Havlicek seine angebliche Einsatzfähigkeit durch einen Sprung vom Küchentisch des Trainingslagers auf den harten Fußboden, den er mit zusammengebissenen Zähnen gerade so überstand. Nach knapp einer Stunde Spielzeit im Endspiel war dann aber „Ende der Durchsage". Der geschwollene Fuß versagte den Dienst und passte in keinen Fußballschuh mehr. Also spielte der eisenharte Außenläufer „schuhfrei" bis zum Ende der Verlängerung mehr schlecht als recht weiter. Doch der Traum von der ersten Deutschen Meisterschaft des BVB, der war erst einmal ausgeträumt.

Borussia Dortmund stellt sich 1949 vor kriegszerstörten Häusern am Hoeschpark zum „Vizemeisterfoto".

1950–1959:
Das „Wirtschaftswunder“ entsteht. Der BVB wird 1956 und 1957 „Doppelmeister“ und erste „Mannschaft des Jahres“. Erste Europapokalspiele gegen Spora Luxemburg und Manchester United folgten.

„WUNDERDOKTOR“ HELMUT MELLIWA

40 JAHRE BVB-VEREINSARZT

Als der neue Vereinsarzt Dr. Helmut Melliwa im September 1952 zum allerersten Male auf der Bielefelder „Alm“ die Oberligaelf des BVB betreute (Borussia gewann 3:0), zeichnete sich zwangsläufig noch nicht ab, dass dieser Mann seine wichtige Funktion knapp vier Jahrzehnte lang wahrnehmen würde. Das dürfte so etwas wie ein deutscher Rekord für Vereinsärzte gewesen sein.

Der Job des Mannschaftsarztes erfordere permanente Wachsamkeit, unterstrich Melliwa häufig in Gesprächen und Diskussionen. „Was spielt sich dort auf dem Platz ab? Wann droht wo eine Verletzung? Welche sportärztliche Maßnahme ist in Sekundenbruchteilen aus der Situation heraus zu treffen?

Entscheidungen waren zu treffen, die auch über die Zukunft eines Spielers befinden konnten. Da durfte man keine Sekunde „pennen“.

Zum Alltag außerhalb der Stadien gehörte es für Dr. Melliwa natürlich auch, die weitere Versorgung verletzter Spieler zu sichern und den Heilungsprozess so zu begleiten, dass die Akteure so schnell wie möglich wieder einsatzbereit wurden.

Melliwa wusste aber auch, dass Salben, Tinkturen und Medikamente nicht alles im Leben sind. „Die Seele muss mitspielen“, äußerte der gewiefte Psychologe und hauptamtliche Chirurg des Landeskrankenhauses DO-Aplerbeck oft. Aus dieser Erkenntnis heraus fühlte sich der „Doc“ auch als väterlicher Freund der Spieler, der in Gesprächen unter vier Augen „therapeutisch“ Streicheleinheiten verteilte und den zumeist sensiblen Spielern das manchmal fehlende Selbstvertrauen „einimpfte“.

Dr. Helmut Melliwa, der langjährige BVB-Vereinsarzt.

Der ausgesprochen gebildete Arzt aus Böhmen hatte in seiner Wahlheimat Dortmund mit dem BVB seine eigentliche Liebe gefunden. In seiner Jugend aktiver Handballer und Gelegenheitskicker, sah Melliwa seinen Beruf

Dr. Helmut Melliwa (links) versorgt den verletzten BVB-Keeper Hans Tilkowski.

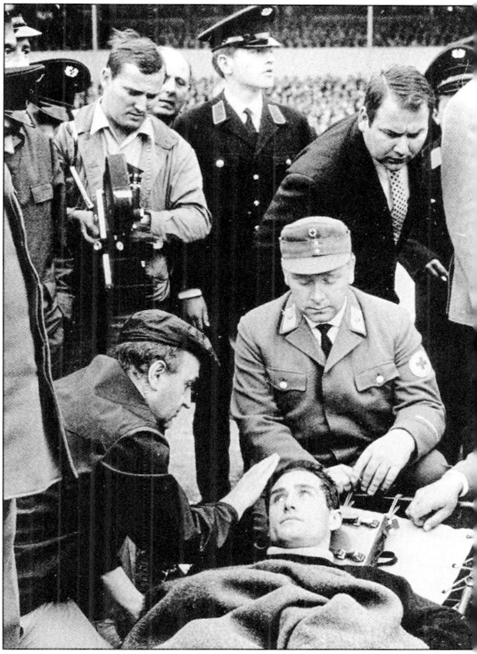

auch als persönliche Herausforderung, für die man sich permanent fachlich auf höchstem Niveau fit zu halten hatte.
Melliwa hatte das große Glück, mit dem BVB deutsche Meisterschaften, Pokalerfolge sowie den Europacup der Pokalsieger feiern zu dürfen. Da machte es schon Spaß, als wichtiges Rad im Getriebe des Erfolges mit von der Partie zu sein.
Internationale Anerkennung errang Dr. Melliwa 1963, als der BVB zum Ende des Jahres die berühmten Spiele gegen Benfica Lissabon auszutragen hatte.
Kurz vor dem Hinspiel in Lissabon wurde er von den Benfica-Vereinsärzten konsultiert und um kollegiale Hilfe gebeten. Superstar Torres quälte sich seit geraumer Zeit mit unerklärlichen Muskelverletzungen herum. Der BVB-Arzt zeigte sich auch hier als Meister seines Faches. Als Torres kurze Zeit später in der portugiesischen Nationalmannschaft ein glanzvolles Comeback feierte, pries eine portugiesische Sportzeitung den „Dortmunder Wunderdoktor". Über solche Auszeichnungen konnte Melliwa nur schmunzeln. Er setzte mehr auf fachliche Kompetenz denn auf Wunder.
Die letzten Jahre vor seinem Tod erlebten den eigentlich lebensbejahenden Dr. Helmut Melliwa still und zurückgezogen. Familiäre Sorgen hatten ihre Spuren hinterlassen. Bei Borussia Dortmund allerdings ist die Erinnerung an einen bedeutenden Menschen und hervorragenden Vereinsarzt wach geblieben.

FRANKREICH – DEUTSCHLAND 3:1

ERICH SCHANKO MIT DFB-ELF IN POLITISCHER MISSION

Der Wiener Rundfunkreporter Heribert Meisel, der eine besondere Schwäche für den Borussen Erich Schanko hatte, nannte ihn in einem Kommentar einmal „das Konditionswunder".
Schanko wäre hinter den gegnerischen Stürmern her, als hätten sie bei ihm ihre letzte Gasrechnung noch nicht bezahlt. Damit spielte Meisel auf des-

sen Beruf bei den Dortmunder Stadtwerken an, wo der Abwehrrecke mit der hohen Stirn in der Tat in der Abteilung „Gas“ werkelte.

Erich Schanko mit Ehefrau Erna, die mit ihrer schönen Stimme manche BVB-Feier bereicherte. Dahinter Spielerobmann „Menne“ Lerch.

Am 5. Oktober 1952 stand Erich Schanko mit der deutschen Nationalmannschaft und ihrem Bundestrainer Sepp Herberger vor einer äußerst delikaten Aufgabe: Zum fünften Male insgesamt, aber erstmalig nach dem Zweiten Weltkrieg spielten die Mannen mit dem Bundesadler auf der Brust gegen den erbitterten Kriegsgegner Frankreich. Da hieß es nicht nur, sportlich äußerst fair auf dem grünen Rasen zu agieren, sondern für die 9000 deutschen Schlachtenbummler auch als guter Gast eine makellose Visitenkarte in Paris abzugeben.
„Konditionswunder“ Erich Schanko und seine Mitstreiter Turek, Retter, Borkenhagen, Posipal, Liebrich, Rahn, Wientjes, Ottmar und Fritz Walter sowie Termath trafen vor über 60 000 Besuchern allerdings auf einen Gegner, der an diesem Tag praktisch in allen Belangen überlegen war. Der Star war Mittelstürmer Raimond Kopa, der in den 1950er-Jahren als einer der besten Angreifer Europas galt und später zu den Legionären von Real Madrid zählte.

Deutschland verlor sang- und klanglos mit 1:3. Die Franzosen waren insbesondere taktisch und technisch besser geschult, schneller, insgesamt konditionell besser drauf und erfolgsorientierter in ihrer Spielweise – eben Berufsspieler. Die Bilanz jenseits des Ergebnisses: Die deutschen Kicker und ihr Anhang traten im Land des „Erzfeindes“ ohne Fehl und Tadel auf und vollzogen mit einer sensiblen Aufgabe im sportlichen Gepäck die ersten zaghaften Schritte auf

Nationalspieler Erich Schanko (rechts) mit dem „Fußballgott“ Toni Turek.

dem Wege zur Normalität zwischen den beiden Staaten. Der Sport, in diesem Falle der Fußball, als Eisbrecher sozusagen in diplomatischer Mission. Erich Schanko, Borussias zweiter Nationalspieler nach August Lenz, war ein „spät Berufener". Der damals als Außenläufer in der Bundesrepublik unerreichte Schanko brauchte schon einige Jahre, um den Nationaldress überstreifen zu dürfen. 1951 war es dann so weit: Gegen die Türkei spielte er eine Halbzeit. Danach, gegen Österreich, verhinderte er zwei todsichere Tore. Insgesamt kam Schanko zu 14 Länderspielen. Groß war das Erstaunen der Sportöffentlichkeit, als Herberger 1954 seinen eigentlich gesetzten Außenläufer nicht mit zur WM in die Schweiz nahm. In den Qualifikationsspielen hatte er doch seine Anwartschaft auf die WM nachdrücklich unterstrichen.

Die Westfalenauswahl 1949, gespickt mit Akteuren des BVB und des FC Schalke. Links: Ady Preußler, fünfter von links: Erich Schanko, daneben Max Michallek.

Erich Schanko unternahm seine ersten fußballerischen Schritte beim BV Bövinghausen 04 in einem Dortmunder Vorort. 1946 aus der Kriegsgefangenschaft zurückgekehrt, wechselte er kurz darauf zum BVB. In seinem neuen Club spielte er zunächst Linksaußen, was „in die Hose ging". Das war nun einmal nicht seine Position. Als linker Läufer fand er seine eigentliche Berufung – seiner großartigen Karriere stand dann nichts mehr im Wege: Westfalenmeister, mehrfach Westdeutscher Meister und Deutscher Vizemeister. 222 Oberligaeinsätze mit elf Toren bilden seinen persönlichen BVB-Rekord. Bis Mitte der 1950er-Jahre war Schanko Mannschaftskapitän des BVB. Leider gehörte der überaus bescheidene Nationalspieler 1956 nicht mehr zur Stamm-Mannschaft, sodass die erste „Deutsche" ohne ihn über die Bühne ging. Nach seiner aktiven Zeit stand der Erich seinem BVB auch weiterhin in verschiedenen Funktionen zur Seite, zuletzt bis zu seinem Tod 2007 als Mitglied des Ältestenrates.

DIE DREI ALFREDOS

ADY PREISSLER, FRED KELBASSA, ALFRED NIEPIEKLO

Als Alfred Niepieklo am 18. August 1951 gegen Rot-Weiß Essen zum ersten Male in einem Oberliga-Meisterschaftsspiel in der mit 30 000 Besuchern gut gefüllten „Roten Erde" dem runden Leder nachjagte, dauerte es nur neun Minuten, bis der „Niepo" seinen späteren BVB-Kollegen Heinrich Kwiatkowski im Tor des Gastes mit einem wirklich schönen Treffer bezwang. So wies der am 11. Juni 1926 geborene und von Castrop 02 zum BVB gewechselte Supertechniker gleich zu Beginn seiner BVB-Karriere nach, dass er sein Hobby „Tore schießen" auch bei seinem neuen Verein nicht vernachlässigen wollte.

Alfred Niepieklo wurde von 1951 bis 1960 in insgesamt 200 Pflichtspielen eingesetzt. Der Halbstürmer im Sinne des damaligen WM-Systems erzielte darin sage und schreibe 124 Tore. Darunter waren mehrere, die aus direkt verwandelten Ecken resultierten. Das ist eine höchst imposante Bilanz des zweifachen Deutschen Fußballmeisters, der aus unverständlichen Gründen nie das Trikot der deutschen Nationalmannschaft überstreifen durfte.

Dieses Glücksgefühl konnte Fred Kelbassa hingegen mehrfach genießen. Er wurde in relativ hohem Alter – mit 33 Jahren nämlich – sogar noch in das WM-Aufgebot von Sepp Herberger für die WM 1958 in Schweden berufen. Sein Pech: „Uns Uwe" Seeler setzte sich damals im Dress mit dem Bundesadler durch. Kelbassa blieb nur das kleine Endspiel um die Plätze drei und vier mit der Niederlage – 4:6 – gegen Frankreich.

Beim BVB allerdings war der wuchtige Mittelstürmer, der auch ein ausgezeichneter leichtathletischer Mehrkämpfer war – eine unverzichtbare Größe in der Sturmmitte. Wenn der pfeilschnelle Modellathlet ob mit, ob ohne Ball davonzog, dann gab es vielfach kein Halten mehr. Und die Schüsse Kelbassas waren so hart, dass das eine oder andere Tornetz dem Druck nicht standhielt.

Kelbassa, geboren am 21. April 1925 und verstorben am 11. August 1988, kam 1954 vom STV Horst Emscher zum BVB. In Horst und bei Preußen Münster hatte er seit Beginn der Oberliga West 1947 als torgefährlicher Sturmtank Aufsehen erregt. Bei seinem neuen Klub hatte der Fred

Alfred „Fred" Kelbassa, der pfeilschnelle und wuchtige Mittelstürmer.

Herren-Hüte

Mützen - Schirme - Herrenwäsche

rückstraße 51 - Münsterstraße 13 - Dorstfeld-Pavillon

WIPPERFÜRTH

Die Bekleidungswerke mit den großen Leistungen

Verkaufsstelle Dortmund, Westenhellweg - Mittelpu

Sonntag, der Septem 1955, 15 Uhr

BV Borussia 09 Dortmund: Kwiatkowski 1

Sandmann 2 Wischner 3

Schlebrowski 4 Michallek 5 Bracht 6

Peters 7 Preißler 8 Kelbassa 9 Niepieklo 10 Kapitulski 11

Schäfer 11 Röhrig 10 Nordmann 9 Sturm 8 Müller 7

Dörner 6 Hirche 5 Stollenwerk 4

Minnich 3 Graf 2

Jansen 1

1. FC. Köln

-Gold

ung

das f

KERSSENBROCK

MUND Ruf 24349

ellweg 26

Modern eingerichtete Werkstätten

für Uhren u. Schmuck

Neuanfertigung in Schmuck nach eigenen u. gegebenen

OPTIK PHOTO KINO

Seit über 35 Jahren

Dipl.-Optiker

Karl Dissel

Die „Aktuelle gelbe Fußball-Vorschau" mit den Aufstellungen von Borussia Dortmund und dem 1. FC Köln am 18. September 1955. Der BVB tritt mit dem berühmten Innensturm Preißler – Kelbassa – Niepieklo an.

es zunächst nicht leicht. Trainer „Bumbas" Schmidt musste erst davon überzeugt werden, dass hier ein Spitzenmann in seinem Kader stand. Kelbassa selbst zählte die beiden Deutschen Meisterschaften 1956 und 1957 sowie die Länderspiele zu seinen besonderen sportlichen Höhepunkten.

Er spielte bis 1962 in Schwarz-Gelb und „gab" in den letzten Jahren einen respektablen Mittelläufer alter Art.

1961 als Rechtsaußen (!) noch einmal in einem deutschen Endspiel eingesetzt, reichte es beim 0:3 gegen den 1. FC Nürnberg leider nicht mehr zum dritten Titel für Kelbassa.

Alfred Niepieklo – hier im Spiel gegen Preußen Münster – bei einer gefühlvoll geschlagenen Flanke.

Alfred Kelbassa wurde beim BVB in 214 Spielen eingesetzt und erzielte dabei 122 Tore. Mit „seinem Halbstürmer“ Alfred Niepieklo verstand er sich auch privat ausgezeichnet. Kelbassas Sohn und Niepieklos Tochter schlossen folgerichtig den Bund fürs Leben.
Ebenso wie Kelbassa kam Borussias Spielmacher Ady Preißler nur zu recht bescheidenen Ehren als Nationalspieler. Zwei Einsätze stehen in seiner kargen Länderspielbilanz. „Der ‚Bundes-Sepp' war uns Spielern aus dem Westen nicht besonders gewogen“, erzählte er gern, wenn man ihn nach den Gründen fragte.
Preißler (9. April 1921 bis 17. Juli 2003) war ein echter Dortmunder Junge aus DO-Husen. Über Husen 13 und DSC Duisburg 1900 kam er 1946 zum BVB, bei dem er – mit einer zweijährigen Unterbrechung – bis 1959 überaus erfolgreich spielte. Mit dem BVB wurde er Westfalenmeister, sechs Mal Westmeister und zweifacher Deutscher Meister.
174 Tore in 270 Spielen waren seine Bilanz für den BVB.
Ein derart torgefährliches Innentrio hat Borussia Dortmund weder vor noch nach den „drei Alfredos“ jemals wieder gehabt. Wegen ihrer unerreichten Effizienz sind sie zu einer echten BVB-Legende geworden.

DIE „SCHANKO-REBELLION“

BVB DOPPEL-MEISTER 1956/57

Vorstände agieren manchmal recht unorthodox. Das gilt auch für das BVB-Präsidium mit Dr. Werner Wilms an der Spitze, das unmittelbar vor dem deutschen Endspiel 1956 in Berlin dem langjährigen Mannschaftskapitän Erich Schanko per Brief mitteilte, dass seine Dienste in der kommenden Spielzeit nicht mehr gefragt seien. Das war zunächst einmal taktisch sehr unklug, darüber hinaus aber auch sportlich unfair. Denn Schanko hatte seit 1946 den BVB vorzüglich national und international repräsentiert und sicher zum Abschluss seiner großen Karriere noch einen Vertrag verdient.
Als Frau Schanko den Inhalt der Vorstandsbotschaft ihrem Gatten einen Tag vor dem Spiel telefonisch nach Berlin durchgab, war die Stimmung der Mannschaft im Eimer. Immerhin war Erich Schanko wegen seiner stets verbindlichen und angenehmen Art außerordentlich beliebt. Die Teamsprecher Ady Preißler, Fred Kelbassa und Heini Kwiatkowski stellten dem Vorstand ein prickelndes Ultimatum:
„Entweder Erich bekommt einen neuen Vertrag oder wir boykottieren das Endspiel.“
Man sei jedenfalls nicht bereit, unter diesen Umständen um die „Deutsche“ zu spielen. Praktisch mit dem Rücken zur Wand stehend, gab die Vereinsführung nach und schloss mit Erich Schanko im Beisein des Teams per Handschlag einen weiteren Jahresvertrag. Damit war alles klar für

Begeisterte BVB-Fans am Borsigplatz – Borussia wird 1956 gegen den KSC Deutscher Meister.

das Match gegen den Südmeister Karlsruher SC, das der BVB nach der erfolgreich verlaufenen Vorrunde gegen den HSV, den VfB Stuttgart und Viktoria 89 Berlin erreicht hatte.
In zweiten Endspiel seiner Vereinsgeschichte setzte sich der BVB am 24. Juni 1956 im Berliner Olympiastadion souverän mit 4:2 Toren durch. Der hohen Spielkultur der Michallek, Preißler, Niepieklo und Co. hatte der KSC nichts, aber auch gar nichts entgegenzusetzen.
Auch für den Rückweg nach Dortmund hatte sich der Vorstand etwas „Hübsches“ ausgedacht: Der Eisenbahnwagen, in dem sich die Spielerfrauen aufhielten, sollte in Hamm abgekoppelt werden. Nur der neue Deutsche Meister, flankiert allein von seinem Präsidium, sollte in Dortmund gefeiert werden. Als die Spieler das spitzkriegten, hielt sich eine Hälfte des Teams immer bei den Gattinnen auf. So war es nichts mit dem Abkoppeln.
Sichtlich gut gelaunt und inmitten ihrer Frauen nahmen dann die Meisterspieler in Dortmund die Ovationen von über einhunderttausend Gratulanten entgegen. Übrigens: Der BVB-Vorstand war auch mit dabei ...
Groß war kurze Zeit später die Freude beim BVB, als ein unerwarteter Brief aus Sao Paulo von Emil Hemesath, einem der Pioniere in Schwarz und Gelb aus den Gründerjahren, in der Geschäftsstelle eintraf.
Hemesath schrieb:
Nach 36-jähriger Abwesenheit von meiner Heimat, aber immer noch gut über die dortigen Sportereignisse informiert, lese ich heute in der hiesigen „Deutsche Zeitung“ die so erfreuliche Nachricht: Borussia Dortmund ist Deutscher Fußballmeister. Wie groß meine Freude über dieses so sehnlich erwartete Ergebnis ist, könnt Ihr Euch gar nicht ausdenken. Als ehemaliges Vorstandsmitglied (Hemesath war u. a. langjähriger Schriftführer) verfolge ich gerade die Spiele „meines“ BVB mit besonderem Interesse. Trotz meiner 36-jährigen Abwesenheit aus Dortmund trage ich immer noch das Zeichen „Schwarz-Gelb“ an erster Stelle in meinem Herzen!

„Großer Bahnhof" für Borussia Dortmund, den Deutschen Fußballmeister 1956.

Dem Fußball, so Hemesath weiter, habe er ade gesagt. Dafür habe er sich in Sao Paulo dem Handball verschrieben. Lange Zeit sei er Sportdirektor und Vorsitzender des deutschstämmigen S. C. Germania gewesen, aus dem später der S. C. Pinheiro hervorgegangen sei.
Fast genau ein Jahr nach dem ersten Titelgewinn, am 23. Juni 1957 nämlich, hatte der BVB die Chance, erstmalig das begehrte Double zu erreichen. Diesmal ging es im Endspiel gegen den HSV. Trainer Helmut Schneider bot die identische Aufstellung auf wie im Vorjahr. Das war neu, das schrieb Sportgeschichte. Niemals zuvor – und auch nicht mehr danach bis 1963 – hat es so etwas gegeben.
Der HSV trat mit seinen jugendlichen „Himmelsstürmern" Horst Schnoor, Jürgen Werner, Uwe Seeler und Gerhard Krug an. Borussia vertraute auf die souveräne Spielkunst seiner arrivierten Cracks.
Der Zufall wollte es, dass die beiden direkten Gegenspieler Uwe Seeler und Max Michallek nebeneinander ins Niedersachsenstadion zu Hannover einmarschierten. Einem Ondit zufolge soll „Uns Uwe" zu „Spinne" Michallek gesagt haben:
„Na, Opa, was willst du denn hier noch?"
Max Michallek, in der Tat 14 Jahre älter als sein Kontrahent, entgegnete in seiner unnachahmlichen Art:
„Dich Bürschchen halte ich noch, wenn ich 75 bin!"
Gesagt, getan! Seeler bekam keinen Stich, Michallek dominierte ihn nicht nur, sondern kurbelte zusätzlich auch noch das Spiel seines Teams gekonnt an. Der BVB siegte überlegen mit 4:1. Die erste Doppelmeisterschaft in der BVB-Vereinsgeschichte war damit perfekt. Das Sahnehäubchen auf den großartigen Erfolgen war Anfang 1958 die Auszeichnung als erste „Mannschaft des Jahres" der deutschen Sportgeschichte. Die Sportpresse hatte sich in Anerkennung der großen Erfolge mit großer Mehrheit für Schwarz-Gelb entschieden.

MANCHESTER UNITED

1956 ERSTER EUROPACUP-GEGNER VON BORUSSIA DORTMUND

Der Mann, der Anfang April 1997 auf die Bühne des Fan-Treffs vor dem Champions-League-Spiel BVB – Manchester United kam, war ein echter „Sir". Sein Name: Bobby Charlton, Herzstück der englischen Weltmeisterelf von 1966, von der Queen in den Ritterstand erhoben. Sein Auftritt auf dem Alten Markt war von überwältigender Noblesse. In der Tat: Hier stand und sprach ein Sir.

Bobby Charlton war nicht allein gekommen. Er hatte seinen früheren Mitspieler Alan McGuinness mitgebracht.

Charlton, McGuinness? Diese beiden Namen weckten Erinnerungen. An ein Ereignis, das am 6. Februar 1958 nicht nur die Sportwelt erschütterte. ManU, neben Real Madrid damals die führende europäische Fußballmannschaft, hatte in Belgrad ein Europapokalspiel bestritten. Das 3:3 bedeutete für die Briten die nächste Pokalrunde.

Der Unglückstag war bereits von düsteren Vorahnungen überschattet. Keiner wollte fliegen, alle hatten wegen der schlechten Witterungsverhältnisse schwere Bedenken. Ein Spieler hatte sogar – bewusst – seinen Pass im Hotel vergessen, um sich vor dem Flug zu drücken. Es half alles nichts: Der Start wurde verschoben, der Pass per Taxi geholt. In München gab es gegen 13.00 Uhr einen Zwischenstopp zum Auftanken. Mit Verspätung rollte das Flugzeug um 15.04 Uhr zum dritten Startversuch an die Startbahn.

Der Start misslang – wahrscheinlich wegen vereister Flügel. Die Maschine gewann nicht an Höhe, sondern raste im Schneesturm über die Abzäunung hinaus in die dortigen Häuser. Die schreckliche Bilanz: 23 Tote, darunter acht ManU-Spieler. Zu ihnen gehörten Duncan Edwards, das größte Talent des englischen Fußballs überhaupt, Tommy Taylor, der brillante Mittelstürmer, Roger Byrne, Eddie Colman und David Pegg. Einige überlebten: Bobby Charlton, Gesprächspartner auf der Fan-Treff-Bühne 1997, Alan McGuinness, den er mitgebracht hatte, der großartige Torhüter Harry Gregg und Trainerlegende Matt Busby gehörten dazu. Im Gespräch erzählte Bobby Charlton, dass der damals erst 21-jährige Duncan Edwards der beste Fußballer gewesen sei, den er jemals gesehen hätte.

Sir Bobby Charlton im Frühjahr 1997 auf der Bühne des Alten Marktes zu Dortmund.

Manchester befand sich wochenlang in einem tiefen seelischen Notstand. Später errichtete man am Stadion „Old Trafford" eine Gedenkstätte mit dem geborstenen Rumpf der Unglücksmaschine und einer großen Uhr, die die Todesminute der unvergesslichen Fußballhelden anzeigt.

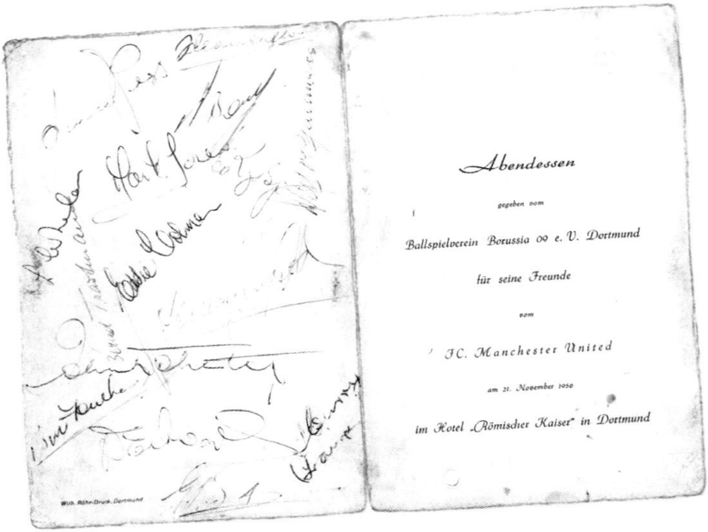

Menükarte mit den Autogrammen von Manchester United vom Europacup-Rückspiel am 21. November 1956.

Auch die Dortmunder Borussen waren konsterniert, als sie die tragische Nachricht erhielten. Sie erinnerten sich lebhaft an zwei unvergessliche Europacupspiele mit den Verunglückten. Nachdem sie sich gegen Spora Luxemburg für den Europacup qualifiziert hatten, wartete ManU als übermächtiger Prüfstein. Der knappen Niederlage in Manchester (2:3, als Held von Manchester ging Keeper Heini Kwiatkowski in die Sportgeschichte ein) folgte das höchst achtbare 0:0 in der „Roten Erde", bei dem das Dortmunder Flutlicht seine Premiere feierte. Max Michallek, der herausragende BVB-Mittelläufer, beherrschte in diesem Match sogar den Superstar Tommy Taylor. Bobby Charlton, noch keine 20 Jahre alt, saß auf der Ersatzbank. McGuinness hingegen erlebten die 45 000 Besucher in Dortmund „live".
Matt Busby und Manchester United benötigten fast ein Jahrzehnt, um wieder eine europäische Spitzenmannschaft zu formen und die Münchener Tragödie sportlich zu verkraften. In den Herzen der ManU-Fans jedoch hat die verunglückte Mannschaft einen Platz gefunden, der nahezu kultische Züge trägt.

WM 1958: VIER BORUSSEN MIT DABEI

PELES STERN GEHT AUF

Juni 1958: Die FIFA lud ein nach Schweden zur 6. Fußball-Weltmeisterschaft. Der Verlauf dieser WM wurde in vielerlei Hinsicht spektakulär. Zwischen Deutschland und Schweden gab es nach dem Halbfinale sogar diplomatische Irritationen, die über das WM-Ereignis hinaus wirkten. Sportlich gesehen ging in Schweden der Stern eines Mannes auf, der eigentlich Edson Arantes do Nascimento hieß, seine Weltkarriere jedoch unter dem Namen „Pele“ absolvierte.

Heinrich Kwiatkowski, Borussias großartiger Torhüter, nahm an den Weltmeisterschaften 1954 und 1958 teil.

Mit Torwart Heinrich Kwiatkowski, Wolfgang „Sully“ Peters, Aki Schmidt und Fred Kelbassa bot Bundestrainer Herberger vier Dortmunder auf, die in den vergangenen drei Jahren mit ihrem BVB Großartiges geleistet und dadurch die Nominierung mehr als verdient hatten:

- Wolfgang Peters bestritt in seiner gesamten Karriere nur ein einziges Länderspiel und kam auch in Schweden nicht über die undankbare Stellung eines Ersatzspielers hinaus.

Wolfgang „Sully“ Peters fuhr mit zur WM nach Schweden, wurde von Bundestrainer Herberger aber nicht eingesetzt.

- „Kwiat“, so der Spitzname von Heini Kwiatkowski, war zweifacher WM-Teilnehmer: 1954 und 1958. In der Schweiz in der „legendären“ ersten Partie gegen die Ungarn eingesetzt, handelte er sich die sattsam bekannten acht ungarischen Treffer ein. Für einen Torhüter fast ein tragisches Schicksal ...
- Fred Kelbassa, der gefürchtete Torjäger des BVB der 1950er-Jahre, hatte eigentlich gute Karten und fuhr als gesetzter Mittelstürmer nach Schweden.
- Aki Schmidt kam in seiner Karriere auf 25 Länderspiele und wurde als erster BVB-Spieler Mannschaftskapitän der DFB-Auswahl.

Deutschland musste sich in der Gruppe 1 mit Argentinien, der Tschechoslowakei und Nordirland auseinandersetzen. Gleich im ersten Match gegen Argentinien setzte Herberger Aki Schmidt als Halbstürmer ein. Neben ihm feierte ein gewisser Uwe Seeler seine WM-Premiere. Sehr zum Leidwesen von Fred Kelbassa, der sich berechtigte Hoffnungen auf einen Einsatz gemacht hatte.
Die DFB-Auswahl siegte verdient 3:1. Die weiteren Vorrundenspiele – jeweils 2:2 gegen die Tschechen und die Nordiren – fanden ohne BVB-Akteure statt.
Jugoslawien als Gegner im Viertelfinale war der erwartet schwere Prüfstein. Aki Schmidt, der wieder Herbergers Vertrauen genoss, kann hiervon ein Liedchen singen. Der spätere BVB-Trainer Brancc Zebec bewies seine absolute Weltklasse in den Reihen des spielerisch hochbegabten Gegners.

Bereits in der zwölften Minute konnte Helmut Rahn seine Elf in Front schießen. Die restlichen 78 Minuten gerieten zu einer enormen deutschen Abwehrschlacht. Aki Schmidt erfüllte seine Defensivaufgabe mit Geschick und Können, konnte aber zwangsläufig wenig nach vorn bewegen. Der deutsche Sieg war letztlich glücklich, aufgrund vereinzelter guter Chancen aber vielleicht doch verdient.

Das Halbfinale Schweden – Deutschland ist bis heute unvergessen. Für Schmidt lief Hans Cieslarczyk aus Sodingen auf, der nach der WM zum BVB wechselte, hier aber durch eine schwere Trainingsverletzung nie richtig Fuß fassen konnte. Schweden, frenetisch angefeuert von fanatisierten Fans, gewann mit 3:1. Das Ergebnis für sich gesehen ist aber eigentlich fast sekundär. In erster Linie erinnert man sich daran, dass Hamrin seinen Gegenspieler Erich Juskowiak so lange provozierte, bis dieser zutrat – und vom Platz gestellt wurde. Als Fritz Walter 15 Minuten vor Spielende auch noch verletzt ausschied, war die Geschichte gelaufen. Und dann kamen die gegenseitigen Anfeindungen, die noch lange nach der WM negativ nachklangen und einen Schatten auf die schönste Nebensache der Welt warfen.

Im WM-Endspiel trafen die Schweden auf das Wunderteam Brasilien, das mit dem genialen Didi als Mittelfeldregisseur sowie Pele und Garrincha auftrumpfte. Brasilien wurde mit 5:2 souverän zum ersten Male Weltmeister. Deutschland spielte im „kleinen Endspiel" um Platz drei gegen Frankreich. Kwiatkowski und Kelbassa kamen darin auch noch zu ihren WM-Einsätzen. Das 6:4 der Franzosen mit ihren überragenden Kopa und Torjäger Fontaine konnten aber auch sie nicht verhindern. Insbesondere für Fred Kelbassa wurde die WM eine große Enttäuschung. Er war als gesetzter Mittelstürmer zur WM gefahren, musste dort aber dem Youngster und späteren Weltstar Uwe Seeler den Vortritt lassen.

Alfred „Aki" Schmidt, WM-Teilnehmer 1958, 25-facher Nationalspieler sowie Denker und Lenker des BVB-Mittelfeldes.

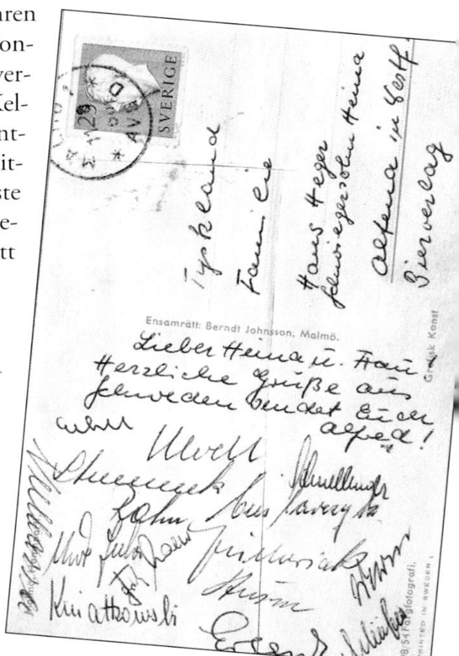

Postkarte von der WM 1958 in Schweden mit den Unterschriften des DFB-Aufgebots.

1960–1969:
Borussias goldene Jahre: Deutscher Meister 1963, Bundesligastart, DFB-Pokal 1965, Europapokal 1966. „Emmas" Tor des Jahrhunderts, Wembleytor entscheidet WM 1966.

DER START IN DIE BUNDESLIGA

KONIETZKA ERZIELT ERSTES TOR DER BUNDESLIGA-GESCHICHTE

Das erste Bundesligaspiel überhaupt nach Einführung der höchsten deutschen Spielklasse führte den amtierenden Deutschen Meister BVB am 24. August 1963 nach Bremen. Es gab eine 2:3-Niederlage, also einen unangenehmen Fehlstart in die neue Superliga.
Der BVB musste ohne die beiden verletzten Paul und Schmidt antreten. Auch Timo Konietzka ging angeschlagen in die Partie. Im Tor erhielt Hans Tilkowski den Vorzug vor „Endspielheld" Bernhard Wessel, der die Deutsche Meisterschaft 1963 mit spektakulären Paraden fast im Alleingang gewonnen hatte.

Timo Konietzka (links) kam gemeinsam mit Rolf Thiemann von Lünen 08 zum BVB.

Timo Konietzka gelang in dieser Partie das erste Tor der Bundesliga-Geschichte überhaupt, das mit seinen Begleiterscheinungen auch noch ein Kuriosum erster Güte wurde. Hier die Einzelheiten: Schiedsrichter Alfred Ott aus Rheinbrohl hatte die Partie bereits um 16.59 Uhr, also eine Minute, bevor die Bundesliga eigentlich offiziell beginnen sollte, angepfiffen. Der BVB stieß an. Nach gut einer halben Minute erhielt Konietzka etwa acht, neun Meter vor dem Bremer Tor das Leder und versenkte eiskalt. Dieses Tor fiel also, bevor die Bundesliga offiziell zu existieren begonnen hatte. Von diesem Treffer gibt es übrigens kein einziges Foto- oder Filmdokument. Zu diesem frühen Zeitpunkt hatten sich nur ganz wenige Fotografen im Weserstadion eingefunden. Und – wie allgemein üblich – hatten sie sich hinter dem Tor des Gastes, also hinter Tilkowskis Tor, auf die „Foto-Lauer" gelegt. Das war ein Irrtum, denn auf der anderen Seite ging die „sporthistorische" Post ab.
BVB-Trainer Hermann Eppenhoff rügte nach der Partie die harte Gangart der Bremer, die zu mehreren Verletzungen geführt hatte. Eine Woche später gab es in Dortmund die Bundesliga-Heimpremiere des BVB gegen München 1860, die auch nicht überzeugen konnte. 23 000 Besucher – weniger als erwartet – erlebten in der „Roten Erde" ein 3:3-Unentschieden, bei dem Willi Sturm mit zwei Treffern erfolgreichster Borusse wurde.

Erstes Bundesligaspiel gegen Werder Bremen – am Boden Geisler, im Netz Bracht.

In der 66. Minute hielt Tilkowski souverän einen Elfer des Müncheners Alfons Stemmer und rettete dem BVB damit wenigstens seinen ersten Bundesligapunkt.

4. DEZEMBER 1963: BVB – BENFICA LISSABON 5:0

GRÖSSTES SPIEL ALLER ZEITEN

Grandios! Mit dieser euphorischen Aussage kann und darf das größte aller bisherigen BVB-Spiele bezeichnet werden. Gemeint ist der 5:0-Kantersieg der Schwarz-Gelben am 4. Dezember 1963 über den zweimaligen Europapokalsieger und Gewinner des Weltcups, Benfica Lissabon. Benfica, das legendäre Team von Eusebio und Coluna, galt als die beste Vereinsmannschaft der Welt und wollte im Achtelfinale des Pokals der Landesmeister der Stolperstein des BVB werden.

Dank des Helden von Lissabon, wie Hans Tilkowski später genannt wurde, verlor Borussia das Hinspiel nur mit 1:2. In dieser Partie hatte Eusebio noch getroffen. Im Rückspiel in Dortmund musste er – angeblich verletzt – zuschauen.

Der 4. Dezember 1963 war ein bitterkalter Wintertag mit heftigen Minusgraden. Das schmeckte den Gästen von der iberischen Halbinsel gar nicht. Sie waren auch im Winter an angenehmere Temperaturen gewöhnt. Der BVB spielte sich in einen regelrechten Rausch hinein. Vielleicht wollte er den eingeladenen elf Überlebenden des Bergwerkunglücks von Lengede, den weiteren 45 000 Besuchern sowie den Millionen Fernsehzuschauern der ARD etwas ganz Besonderes bieten. Das gelang trefflich! Gewandet in die legendären Flutlicht-Trikots, trumpfte der BVB im Stile eines Weltklasseteams auf. Nachdem man sich eine halbe Stunde lang auf hohem Niveau abgetastet hatte, ging es rasant zur Sache:

Fussball DIE AKTUELLE GELBE

VORSCHAU

Nr. 39 | 4. Dezember 1963 | Preis 20 Pf

as große Europa-Pokalspiel

ach der 1 : 2-Niederlage in Lissabon:

Borussia kann nur ein glatter Sieg helfen !

Unser Bild zeigt José Augusto, den Rechtsaußen von Lissabon, als er im Vorspiel Tilkowski schon überwunden hatte, aber Geisler rettete noch in letzter Minute.

Morgen erscheint der KICKER mit einer Sondernummer. Wir verwerten in dieser Ausgabe die Informationen, die der „Kicker" aus Portugal bekam, auf der letzten Seite.

Die „Aktuelle gelbe Vorschau" zum BVB-Spiel gegen Benfica mit den Autogrammen von Hans Tilkowski und Willi Burgsmüller.

Das 1:0 markierte Schlitzohr Timo Konietzka (35.) in seiner unnachahmlichen Art. Dann folgten die berühmten drei Treffer von Goldköpfchen Franz Brungs, der sich nachdrücklich in die Annalen des Europapokals eintrug. Das abschließende fünfte Tor ging auf Reinhold Wosabs Konto. Hinzu kamen mehrere Latten- und Pfostenschüsse, die das Ergebnis noch katastrophaler für die Gäste hätten werden lassen können.
Die Lengede-Überlebenden nahmen nach dem Spiel auch am offiziellen UEFA-Bankett im Hotel „Römischer Kaiser" teil. Wie sich einige der Borussen erinnern, hatten sie Tränen der Freude, Rührung und Dankbarkeit

Eintrittskarte zum legendären Benfica-Spiel.

in den Augen. Benfica Lissabon allerdings kam erst eine geschlagene Stunde nach Bankett-Beginn. Der Stachel des Schmerzes saß tief…
Borussia hingegen feierte ausgelassen den größten Triumph der bisherigen Vereinsgeschichte. Benfica hat die Schmach von Dortmund bis heute nicht vergessen.

DER ZWEIFELHAFTE SCHIRI TESANIC

BVB SCHEITERT AN INTER MAILAND

Lynn Oslo, Benfica Lissabon, Dukla Prag. Das waren die Stationen, über die der BVB 1963/64 im Europacup der Landesmeister bis ins Halbfinale vordrang. Doch kurz der Reihe nach:
Lynn Oslo, Norwegens Meister, stellte zum Auftakt eine nicht allzu schwer zu nehmende Hürde dar, die sicher genommen wurde.
Fußball ist in Norwegen sportlich nicht zwingend die Nr. 1. Als die Borussen allerdings am 9. September in Oslo in ihr Hotel kamen, staunten sie nicht schlecht: Überall Sicherheitsbeamte, überall Pressevertreter, zig Kamerateams, das Hotel hermetisch abgeriegelt. Das war ja eine erstaunliche Ehre für den Fußballgast aus Deutschland. Man fühlte sich geehrt, geschmeichelt. Doch weit gefehlt! Die Sicherheitsvorkehrungen galten einem anderen, Höherrangigen! Lyndon B. Johnson, der US-amerikanische Vizepräsident, wohnte während einer Norwegen-Visite mit seiner Entourage im selben Hotel wie die schwarz-gelben Gäste aus Dortmund.
Nach den Siegen gegen Lynn Oslo und den spektakulären Auftritten gegen Benfica Lisaabon wartete Dukla Prag, die Elf der legendären Pluskal und Masopust. Souverän wurde in Prag 4:0 gewonnen. Timo Konietzka, gerade Vater geworden, brillierte mit einer Weltklassepartie. Auch eine knappe Niederlage zu Hause konnte deshalb den Einzug ins Halbfinale nicht verhindern.

Der BVB gemeinsam mit US-Vizepräsident Lyndon B. Johnson im Osloer Hotel.

Der nächste Gegner hieß Inter Mailand. Inter, das Team von „Sklaventreiber“ Helenio Herrera, die Elf des deutschen Fußball-Legionärs Horst Szymaniak. Eine Mannschaft, insgesamt geradezu gespickt mit Weltklassekickern aus vieler Herren Länder.
Das Hinspiel in Dortmund endete am 15. April 1964 mit einem für Mailand schmeichelhaften 2:2. „Das Glück war mit Inter“, schrieb der „Sport-Beobachter“, der „Kicker“ meinte: „Sogar in Mailand Chancen!“
Vielleicht hätte sich der BVB am 29. April 1964 ja wirklich in Mailand durchsetzen können. Wäre nicht ein gewisser Branco Tesanic aus Jugoslawien Schiedsrichter dieser Partie gewesen. Tesanic pfiff außerordentlich einseitig und bevorzugte konsequent den Gastgeber. Als williger Helfer

Inter Mailand erzielt das erste Tor in Dortmund. Hans Tilkowski ist machtlos.

entpuppte sich einer seiner beiden Linienrichter namens Alexander Skoric. Der Höhepunkt der Willkür durch den „neutralen Unparteiischen“ war in der 21. Minute gekommen, als Mailands Louis Suarez den gezielten Versuch unternahm, durch einen wuchtigen Tritt in den Unterleib von Hoppy Kurrat dessen Hoffnung auf eine Großfamilie ad acta zu legen. Das Foul war für jeden der 90 000 im Stadion Giuseppe Meazza und für Millionen Fernsehzuschauer derart klar erkennbar, dass alle wie selbstverständlich auf einen Platzverweis warteten. Indes, sie harrten vergebens, denn Tesanic hatte nichts, aber auch gar nichts gesehen.
„Alles Märchen. Der Mailänder versuchte zwar, dem deutschen Spieler einen Schlag zu versetzen, weil ihn dieser an der Ausführung eines Freistoßes behinderte, aber Suarez trat nicht zu, wie man jetzt behauptet“, so Tesanic später. „Alles verlief normal und regulär!“

Dieter „Hoppy“ Kurrat, hier bei einer Ehrung durch DFB-Präsident Dr. Goeßmann.

Nun war Suarez nicht irgendein Spieler der Norditaliener, sondern der anerkannte Kopf des Teams. Sein Ausscheiden hätte die sportliche Waagschale zwangsläufig zu Gunsten des Gastes ausschlagen lassen.
Der BVB war unter diesen Bedingungen dem italienischen Meister nicht gewachsen und verlor mit 0:2. Vorbei der Traum vom Endspiel.
Für Tesanic allerdings kam der persönliche „Schlusspfiff“ seiner Laufbahn als Schiedsrichter nur wenig später. Seine Sünden holten den Pfeifenmann ein. In seiner Heimat hatte man nämlich die merkwürdige Regelauslegung nicht nur erstaunt zur Kenntnis, sondern auch zum Anlass genommen, die Hintergründe zu recherchieren.
Und siehe da: Es stellte sich heraus, dass sowohl Tesanic als auch „Linie“ Skoric auf Kosten des Inter-Vorstandes ihren Mailand-Aufenthalt gestaltet und trotzdem ihre FIFA-Spesen eingestrichen hatten. Kostenlose Urlaube in Italien für die dubiosen „Inter-Mitarbeiter“ kamen hinzu. Darüber hinaus soll sich schon im Hotelzimmer der beiden ein opulentes Gastgeschenk befunden haben, das später golden schimmernd die Handgelenke des Duos schmückte. Der jugoslawische Verband war entsetzt. Deshalb strich man die beiden lebenslänglich von der Liste der nationalen und internationalen Schiedsrichter.
Borussia nahm das Aus für Tesanic mit Genugtuung zur Kenntnis. Moralisch fühlte man sich bestätigt, sportlich allerdings war für die Schwarz-

Postkarten-Sonderdruck für das erfolgreiche BVB-Team 1964.

Gelben nichts mehr zu korrigieren. Und zu allem Überfluss siegte Inter auch noch im Endspiel mit 3:1 gegen Real Madrid.
Ein kleines „Zückerchen“ gab es zum Ende der Saison aber doch noch für den BVB. Im Länderspiel Deutschland – Finnland setzte der neue Bundestrainer Helmut Schön mit Hans Tilkowski, Theo Redder, Willi Sturm, Timo Konietzka und Aki Schmidt gleich fünf Borussen ein. Das war ein neuer „BVB-Rekord“!

VORSTAND ENTLÄSST EPPENHOFF …

… EPPENHOFF „ENTLÄSST“ VORSTAND

Zu den erfolgreichsten Trainern des BVB gehört fraglos der bei Mannschaft und Publikum außerordentlich beliebte Hermann Eppenhoff. Der frühere Meisterspieler des FC Schalke wurde mit dem BVB Deutscher Meister 1963, war der Vater des Erfolges über Benfica Lissabon und rundete seine positive Bilanz mit dem Gewinn des DFB-Pokals 1965 ab.
Doch blicken wir nochmals auf das Europacupspiel gegen Inter Mailand im Frühjahr 1964, das neben der Episode Tesanic noch eine weitere BVB-Delikatesse parat hielt: BVB-Präsident Kurt Schönherr, von Beruf Direktor der Union-Brauerei, kam in Mailand in Damenbegleitung ins Trainingslager seiner Mannschaft. Hermann Eppenhoff soll sich „unziemlich“ über die Dame geäußert haben. Gerüchteweise schwirrten Worte wie: „Die hat aber auch keine schönen Beine!“ durch die Atmosphäre.

Hermann Eppenhoff, stets ein aufmerksamer Spielbeobachter.

Nach dem skandalösen Ausscheiden der Borussen gegen die Mailänder setzte Schönherr der Situation die Krone auf und entließ den Meistertrainer wegen „übler Nachrede“ fristlos. Aber: In der Jurisprudenz gibt es den schönen Satz: „Fristlos, formlos, fruchtlos!“
Ähnlich war es auch in Sachen Eppenhoff. Zunächst einmal stellte sich die Mannschaft auf die Hinterbeine und teilte dem staunenden Vorstand mit, dass man nicht gewillt sei, die Trainerentlassung hinzunehmen. Um dieser Aussage Nachdruck zu verleihen, weigere man sich, das Bundesligaheimspiel gegen den HSV am folgenden Wochenende zu bestreiten.
Die Spieler brauchten ihre Drohung allerdings nicht wahrzumachen. Hermann Eppenhoff hatte nämlich – pfiffig, wie er war – mittlerweile seinen Rechtsanwalt mit der Nachforschung beauftragt, ob denn bei der Vorstandswahl der Schönherr und Co. zu Jahresbeginn alles mit rechten Dingen zugegangen war.
Das war es nicht. Die Wahl war eindeutig satzungswidrig erfolgt und damit nichtig! Der Vorstand war also gar nicht rechtmäßig in sein Amt gelangt. Er konnte somit auch niemals Hermann Eppenhoff von seiner Tätigkeit entbinden. „Ätsch!“, mag Eppenhoff zu Hause in Gelsenkirchen gedacht haben. Das Ende vom Lied: Am nächsten Tag leitete er ganz selbstverständlich wieder das Training seiner Mannen und bereitete sie auf das HSV-Spiel vor. Der BVB allerdings hatte keinen Vorstand mehr. Das schmerzte, denn das hämische Rauschen im bundesweiten Blätterwald war mehr als nur ein laues Lüftchen. Wochen später gab es Neuwahlen, bei denen sich Präsidenten-Veteran Dr. Werner Wilms noch einmal in den Dienst seines BVB stellte und damit die Vorstandskrise beendete.

„DER POTT GEHÖRT UNS!“ AACHEN 2:0 BESIEGT

ERSTER BVB-POKALSIEG 1965

Preußen Münster (1:0), Tennis Borussia Berlin (2:1), Eintracht Braunschweig (2:0) und 1. FC Nürnberg (4:2). Über diese Stationen gelangte der BVB 1965 in das DFB-Pokalfinale, das auf neutralem Geläuf in Hannover stattfand. Gegner war Alemannia Aachen. Damit trafen zwei Teams mit den Vereinsfarben Schwarz-Gelb aufeinander.

Hermann Eppenhoff (3. v. links) wird von Interims-Präsident Dr. Werner Wilms (2. von rechts) wieder als BVB-Trainer eingesetzt. Mit dabei (von links) Clemens Jansing, Herbert Sandmann und Egon Pentrup.

Für zwei durchaus zentrale BVB-Persönlichkeiten hatte das Cup-Endspiel eine besondere Bedeutung: Timo Konietzka und Trainer Hermann Eppenhoff verließen mit dieser Partie nach langen erfolgreichen Jahren „ihren" Club. Gemeinsam waren beide 1963 Deutscher Meister geworden, gemeinsam hatten sie die glorreiche Europapokalsaison 1963/64 bestritten. Timo Konietzka zog es übrigens zu München 1860, wo sein früherer Coach Max Merkel, dem er freundschaftlich verbunden war, das Zepter schwang.

Mit 55000 Besuchern war das Niedersachsenstadion nicht ganz ausverkauft, als Schiedsrichter Jakobi aus Heidelberg die Partie bei guten äußeren Bedingungen anpfiff. Der BVB war eindeutiger Favorit. Die Alemannen, als Zweitligist in das Pokalendspiel vorgedrungen, hatten sich allerdings eine Menge vorgenommen. Sie wollten als der

Bundespräsident Heinrich Lübke (2. v. links) begrüßt den BVB. In der Mitte Borussias Kapitän Alfred „Aki" Schmidt.

krasse Außenseiter für eine fußballerische Sensation sorgen. Und da mit Dr. Heinrich Lübke zum ersten Mal in der DFB-Geschichte ein amtierender Bundespräsident dem Pokalendspiel beiwohnte, schienen eigentlich alle Voraussetzungen für ein schönes, flottes Spiel gegeben.
Doch leider weit gefehlt. Die 22 Akteure auf dem grünen Rasen ließen sich durch den hohen Gast und die respektable Kulisse keineswegs beflügeln, sondern lieferten insgesamt ein freudloses Match ab, dem es eindeutig an fußballerischen Höhepunkten mangelte.
Den Borussen konnte diese Erkenntnis relativ egal sein. Sie garnierten ihr Spiel mit zwei Treffern, die Aki Schmidt in der elften und Lothar „Emma" Emmerich in der 19. Minute erzielten. Damit hatte es sich aus der Sicht des Favoriten.

Der DFB-Pokalsieger 1965 Borussia Dortmund wird in der Heimat begeistert empfangen.

Heinrich Lübke allerdings, ganz Fußball-Fachmann, meinte nach den 90 Minuten zu seinem Nachbarn, Altbundestrainer Sepp Herberger: „Das war ja wohl ein tolles Spiel, nicht wahr?"
Mit leichtem Sarkasmus antwortete Herberger: „Das Beste an diesem Match war neben dem guten Wetter die Musikkapelle in der Halbzeit."
BVB-Trainer Hermann Eppenhoff stellte abschließend fest: „Für mich ist der Erfolg der anzulegende Maßstab. Außerdem sollte man nicht vergessen, dass wir in der Pokalvorrunde mehrfach sehr stark gespielt haben. Ich bitte also um eine Gesamtbetrachtung der Pokalbegegnungen und freue mich über den Pokal, mit dem ich mich aus Dortmund verabschiede."
Heinrich Lübke, ganz Staatsmann, blickte bereits nach vorn, als er die Frage stellte, ob der Bundespräsident auch in den kommenden Jahren den

DFB-Pokal überreichen dürfe. Ihm schien das Pokalendspiel mit einem Gewinner, der „ja fast aus seinem heimatlichen Sauerland stammte“, in der Tat bestens gemundet zu haben.
Den Dortmundern war das Pro und Contra rund um die Qualität der Begegnung schnurz. Sie feierten den Deutschen Pokalsieger nach seiner Ankunft in Dortmund frenetisch zu Zigtausenden mit einem Autokorso und dem obligatorischen Empfang auf dem Neuen Markt.
Heute kann man rückblickend sicher Folgendes feststellen: Zwar mag das Pokalfinale 1965 nicht allen hochgesteckten Erwartungen gerecht geworden sein. Es legte aber zweifelsfrei den Grundstein für einen der beiden größten Erfolge in der bisherigen BVB-Vereinsgeschichte, den Sieg im Europacup der Pokalsieger ein Jahr später im Hampden Park zu Glasgow nämlich.
BVB: Tilkowski; Cyliax, Redder; Kurrat, Paul, Straschitz; Wosab, Sturm, Schmidt, Konietzka, Emmerich.

ALS ERSTER TORWART

HANS TILKOWSKI „FUSSBALLER DES JAHRES"

Hans Tilkowski hielt einen eindrucksvollen „Goldenen Fußball“ in seinen Händen. Soeben hatte ihn Robert Becker, der Chefredakteur des Sportfachorgans DER KICKER, mit dieser Trophäe als „Fußballer des Jahres 1965“ ausgezeichnet. Die nationalen Sportjournalisten hatten den „Til“ mit respektablem Vorsprung als ersten Torhüter überhaupt gewählt. 39 000 Besucher in der Kampfbahn „Rote Erde“ waren Zeugen des Ereignisses. Die Kameras der Wochenschauen surrten und nahmen die Szene auf; zahlreiche Fotografen machten es ihnen gleich. Der Präsident des DFB, Dr. Hermann Goeßmann, war ebenso erschienen wie Bundestrainer Helmut Schön. Gerade Schön hielt es für seine Pflicht, seinem Nationalkeeper in dankbarer Anerkennung die Hand zu drücken, war der „schwarze Hans“ doch für ihn eine ganz feste Größe in seinen Planungen für die Weltmeisterschaft 1966 in England.
Vor allen anderen war es jedoch Nationalmannschaftskapitän Uwe Seeler, der Tilkowski an dessen großem Tag in den Arm nahm und ihm gratulierte. Seeler, der mit seinem HSV an diesem 2. Oktober 1965 in Dortmund gastierte, kannte den Wert der Aus-

„Uns Uwe“ Uwe Seeler (links) gratuliert Hans Tilkowski zur Auszeichnung „Fußballer des Jahres 1965“.

zeichnung, war er doch selbst 1960 und 1964 „Fußballer des Jahres" geworden.
Nach der Ehrung ging's dann sportlich im Kampf um die Punkte zur Sache. Siggi Held blieb es vorbehalten, die zweimalige Führung des HSV mit seinen beiden Toren auszugleichen. 2:2 hieß es also am Ende einer Partie, die zwischenzeitlich echt auf der Kippe stand. Die eisenharten HSV-Abwehrspieler Dieckmann und Kurbjuhn traten auf alles, was sich bewegte. Tilkowski und Seeler mussten mehrmals besänftigend auf ihre Mitspieler einwirken.
Mit Hans Tilkowski hatten sich die Sportjournalisten einen untadeligen Sportsmann für den begehrten Preis ausgeguckt. Tilkowski stammte aus DO-Husen und war über Kaiserau und Westfalia Herne 1963 zu Beginn der Bundesliga zum BVB gekommen.
Ab 1964 stand er wieder im Tor der DFB-Auswahl, aus der ihn Herberger zur WM 1962 in Chile „verbannt" hatte. 1965 folgte der DFB-Pokalsieg. Als Torhüter war es allerdings nicht so leicht, Fußballer des Jahres zu werden. Zuvor waren es immer Feldspieler gewesen, und auch nach Tilkowski dauerte es bis 1975, bis mit Sepp Maier ein weiterer Zerberus in den Genuss der Auszeichnung kam.
Die Karriere Tilkowskis fand ihren Höhepunkt im Jahr nach seiner Wahl zum Fußballer des Jahres. Mit dem BVB wurde er Europapokalsieger und mit Deutschland Vize-Weltmeister.

Hans Tilkowski (Mitte) mit NRW-Minister Hermann Heinemann (rechts) und Wolfgang Paul (links) im Stadion „Rote Erde" anlässlich eines Benefizspiels.

Den BVB verließ der „schwarze Hans", der oft mit dem US-Schauspieler Paul Newman verwechselt wurde, übrigens 1967 im Streit. Unüberbrückbare Meinungsverschiedenheiten mit dem BVB-Vorstand führten zur Vertragsauflösung, sodass Tilkowski seine Karriere bei Eintracht Frankfurt ausklingen ließ, bevor er dann eine Trainerkarriere einschlug. Den „Fußballlehrer" hatte der attraktive Stellungskünstler übrigens mit der Gesamtnote „sehr gut" bestanden.

BVB 1966...

... ERSTER DEUTSCHER EUROPAPOKALSIEGER

Hunderttausende säumten am Donnerstag, dem 6. Mai 1966, in Dortmund die Straßen der Stadt, drängten sich auf dem „Neuen Markt" (heute Friedensplatz), als der frischgebackene Gewinner des Europacups der Pokalsieger nach dem großen 2:1-Sieg über den FC Liverpool aus Glasgow in die Heimat zurückkehrte.
Besonders gefeiert wurden die beiden Torschützen Held und Libuda, aber auch Tilkowski, Cyliax, Redder, Kurrat, Paul, Assauer, Schmidt, Sturm und Emmerich standen mehrfach im Blickpunkt frenetischer Ovationen. Oberbürgermeister Dietrich Keuning hieß die siegreichen Recken willkommen. BVB-Präsident Willi Steegmann und Trainer Willy „Fischken" Multhaup dankten dem „OB" und den Fans.

Wolfgang Paul präsentiert stolz den Europapokal 1966. Links Trainer Willy Multhaup, rechts Vorstandsmitglied Heinz Storck.

In das Spiel am Tag zuvor im Hampden Park zu Glasgow gingen die Schwarz-Gelben als krasser Außenseiter. Zu überlegen schienen die englischen Profis vom FC Liverpool, der Beatles-Stadt. Doch die Borussen entpuppten sich als taktisch klug eingestellt, gallig und effektiv im Zweikampf. Aus einer geschlossenen Elf ragten Assauer, Sturm, Paul und Tilkowski als ruhende Pole heraus.
Das 1:0 von Siggi Held (62., Vorarbeit Emmerich, herrlicher Schuss) glich Liverpool sieben Minuten später aus: Linksaußen Thompson angelte den Ball – wahrscheinlich – hinter der Tor-Grundlinie, Flanke, Roger Hunt verwandelte eiskalt.

Eintrittskarte zum Europacup-Endspiel BVB – FC Liverpool am 5.5.1966 im Hampden-Park zu Glasgow.

Der Siegtreffer fiel in der 109. Minute durch eines der kuriosesten Tore der Europacupgeschichte: Held geht durch, schießt Keeper Lawrence an, der Abpraller kommt zu Libuda. Der „Stan" riskiert eine „Bogenlampe" aus 25 Metern, die an der Latte landet. Mittelläufer Yeats kriegt den Ball an die Brust – Tor. Libuda, der keineswegs seinen besten Tag hatte, war zum Matchwinner avanciert. Gut, dass es 1966 noch keine Auswechselungen gab … Freudetrunken lagen sich die Borussen nach dem größten Sieg einer deutschen Vereinsmannschaft in der bisherigen DFB-Geschichte in den Armen. Anschließend folgte das offizielle Bankett der UEFA. Die Borussen freuten sich allerdings besonders auf die „dritte Halbzeit" in ihrem Hotel außerhalb

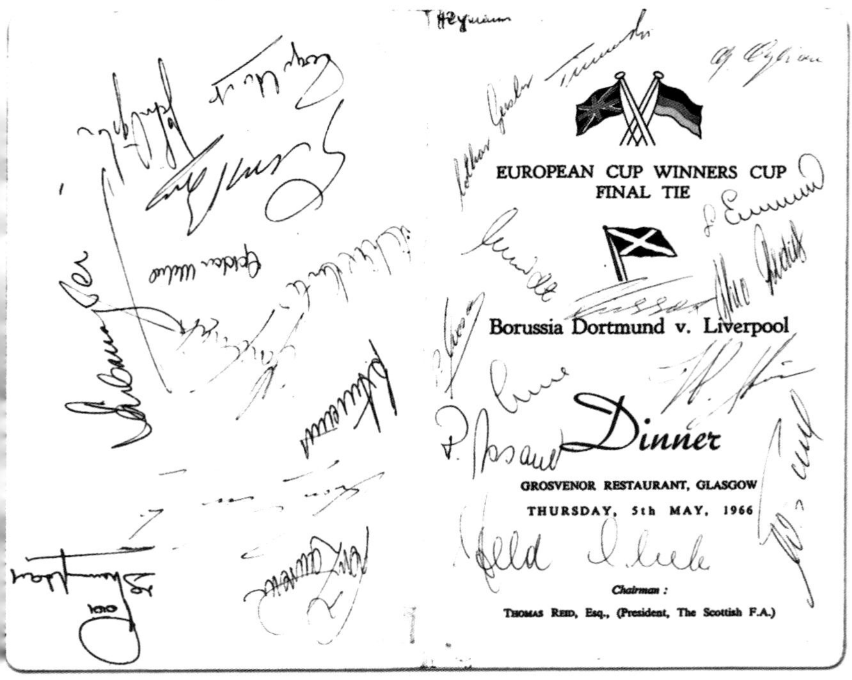

Auf der „Dinner-Karte" verewigten sich die Spieler des BVB und des FC Liverpool mit ihren Autogrammen.

Glasgows, die man in vollen Zügen genießen wollte. Kurze Zeit später gab es jedoch sehr lange Gesichter. Der BVB-Vorstand hatte wohl nicht an den Sieg der eigenen Mannschaft geglaubt und keinerlei Jubelfeier vorgesehen. Hoppy Kurrat, Theo Redder und Co. waren aber nicht faul, machten aus der Not eine Tugend und plünderten die Hotelküche und die Minibars – schwupp, war die improvisierte Siegesparty in vollstem Gange.
Der BVB hatte sich die Teilnahme am Endspiel durch Siege über La Valetta 5:1/8:0), Sofia (3:0/2:4), Atletico Madrid (1:1/1:0) und West Ham United (2:1/3:1) erkämpft.
Gegen Sofia gab es eine knüppelharte Auseinandersetzung, West Ham kam mit Bobby Moore, der kurze Zeit später als Kapitän der englischen Nationalmannschaft Weltmeister im WM-Finale gegen Deutschland wurde, und mit Geoff Hurst, der – angeblich – der einzige Spieler aller Zeiten ist, der in einem WM-Endspiel drei Tore erzielte. Angeblich! Denn das berühmte „Wembleytor" zum 3:2 für England war ja keins, wie wir heute wissen!

VIER BVBER ZUR WM 1966

EMMAS „TOR DES JAHRHUNDERTS", TILS „WEMBLEYTOR"

Hans Tilkowski, Wolfgang Paul, Siggi Held und Lothar Emmerich standen nach dem Europacupsieg 1966 fast selbstverständlich im Aufgebot von Bundestrainer Helmut Schön für das WM-Turnier in England.
Im Vorrundenspiel gegen Spanien ließ BVB-Torschützenkönig Lothar Emmerich mit dem so genannten „Tor des Jahrhunderts" aufhorchen. In der 39. Minute erlief sich „Emma" auf der linken Seite einen Steilpass Overaths und hämmerte das Leder aus nahezu unmöglichem Winkel an Spaniens Keeper Iribar vorbei ins Winkelkreuz zum 1:1-Ausgleich. Die versammelten internationalen Journalisten „erfanden" dann aus dem Stand die Bezeichnung „Tor des Jahrhunderts". Iribar hingegen erlebte, wie er später in Interviews immer wieder zum Ausdruck brachte, das Tor als absolut unhaltbar. Den 2:1-Sieg Deutschlands machte im Endeffekt Uwe Seeler perfekt.

Lothar Emmerich, der Mann mit der „linken Klebe", Vize-Weltmeister 1966.

Die drei Borussen Tilkowski, Held und Emmerich wirkten später auch im Endspiel gegen England mit, das die Gastgeber mit 4:2 gewannen.
Dieses Endspiel erlebte das spektakulärste und meistumstrittene Tor der gesamten WM-Geschichte seit 1930. Eine Flanke von Roger Hunt hämmerte Geoff Hurst unter die Latte, von der aus der Ball vor, auf oder hinter der Torlinie aufschlug.

Schiedsrichter Dienst (Schweiz) vertraute der Entscheidung des russischen Linienrichters Tofik Bachramow aus Baku und entschied auf Tor. Das war ein katastrophaler Fehler, der das Endspiel praktisch entschied. Das 4:2 fiel übrigens ebenfalls irregulär, da zum Zeitpunkt des Torschusses bereits zahlreiche Zuschauer auf dem Platz herumliefen. Dienst hätte die Situation abpfeifen müssen.

Eintrittskarte des WM-Viertelfinalspiels zwischen Deutschland und Uruguay in Sheffield, das die DFB-Elf mit 4:0 gewann.

Erstaunlich: Auf der Homepage der FIFA hat man das dritte Tor so dargestellt, als ob der Ball hinter der Linie aufgeschlagen sei. Das ist allerdings nur mit einem technischen Trick möglich gewesen. Und auch das vierte Tor wurde bearbeitet, sprich „gereinigt“: Die auf den Platz gelaufenen Zuschauer wurden einfach wegretuschiert. Na, das sind ja Sachen!
Unter Berücksichtigung aller Umstände kann es nicht verwundern, dass die interessante Autobiografie von Hans Tilkowski „Und ewig fällt das Wembleytor“ heißt.
So kamen zwei WM-Borussen 1966 zu ganz unterschiedlichen Erfahrungen: Während Emmerich einen höchst spektakulären Treffer erzielte, musste der „schwarze Til“ eben einen solchen „erleiden“. Beide Tore haben Sportgeschichte geschrieben, über beide wird heute noch leidenschaftlich diskutiert.
Als Emma vor einigen Jahren starb, würdigte die gesamte spanische Sportpresse sein Tor des Jahrhunderts in seitenlangen Artikeln, in denen der spanische Unglückskeeper Iribar bekundete, dass er von diesem Tor noch monatelang geträumt habe.

Sammler von Fußball-Briefmarken wissen übrigens, dass der umstrittene Linienrichter Bachramow in seiner Heimat Aserbaidschan

Siegfried Held und Wolfgang Paul erhalten aus der Hand von Bundespräsident Heinrich Lübke das „Silberne Lorbeerblatt“ für ihre Teilnahme an der WM 1966.

Kultstatus genießt. Sein Konterfei ziert eine dortige Briefmarke. Dadurch und durch ein Denkmal vor dem Nationalstadion ist er praktisch zu einem unsterblichen Idol geworden. Eine Abstimmung unter deutschen Fußballfans käme da sicher zu einem anderen Ergebnis. Übrigens: Auch die Dortmunder WM-Teilnehmer Tilkowski, Held und Emmerich kamen in den Genuss „eigener“ Briefmarken, die in Afrika erschienen.

„QUALI“ ZUR ERSTEN EUROPAMEISTERSCHAFT

DEUTSCHLAND – ALBANIEN 6:0

Mit dem Qualifikationsspiel zur ersten Fußball-Europameisterschaft der UEFA zwischen Deutschland und Albanien endete 1967 die – wenn auch bescheidene – Länderspielkarriere der legendären Kampfbahn „Rote Erde“. Der Begriff „Rote Erde“ leitet sich von „gerodeten Erde“ ab, da man im Rahmen der Industrialisierung des Ruhrgebietes die ursprünglich vorhandene Heidelandschaft mit ihren Urwäldern rodete und für die heutige Nutzung vorbereitete.

Man schrieb den 8. April 1967, als die Staatsamateure aus dem Lande der Skipetaren gegen die bundesdeutsche Formation mit den Jung-Weltstars Beckenbauer, Overath und Gerd Müller in Dortmund antraten. Nicht zu vergessen Europapokalsieger und Vize-Weltmeister Hans Tilkowski, der sein 39. und letztes Länderspiel absolvierte und damit Rekordnationalspieler der DFB-Torhüter wurde, sowie der eisenharte Abwehrrecke Willi Schulz aus Hamburg, der in diesem Match zum 50. Mal den Nationaldress überstreifte.

Eintrittskarte mit Autogramm von Hans Tilkowski vom Länderspiel Deutschland – Albanien 1967 im Stadion „Rote Erde“.

Die „Rote Erde“ erlebte in ihrer eindrucksvollen Stadiongeschichte zwar das Endspiel um die Feldhandball-Weltmeisterschaft 1955, zahllose internationale Leichtathletiksportfeste und -länderkämpfe sowie legendäre BVB-Europacupspiele. Aber die DFB-Elf war zuvor nur 1935 im Spiel gegen Irland nach Dortmund gekommen.

Es regnete in Strömen, als der finnische Schiedsrichter Hirvulemi die deutsche Premiere der soeben gegründeten Europameisterschaftsrunde anpfiff. Heftige Niederschläge hatten Dortmund schon in den letzten Tagen vor dem Spiel beglückt. Deshalb waren die Stadion-Manager vom Sportamt der Stadt auch nicht gerade angetan von der ultimativen Forderung der Gäste, am Abend zuvor in der Kampfbahn trainieren zu wollen. „Wenn nicht, dann reisen wir sofort wieder ab!" Eine Konsequenz, die man sich nicht leisten wollte. Tags darauf präsentierte sich der Platz den 32 000 Besuchern mit knöcheltiefem Boden. Keine leichten Bedingungen also für die Techniker des DFB, die allerdings sportlich nichts anbrennen ließen. Albanien hatte genau genommen keine echte Chance und unterlag – wenn auch etwas zu hoch – mit 0:6. Dabei unterstrich der spätere „Bomber der Nation", Gerd Müller vom FC Bayern München, mit vier Treffern seine Extraklasse. Mit den restlichen zwei Toren schrieb sich „Hennes" Löhr (1. FC Köln) in die Annalen des Spieles ein.

Hans Tilkowski, 1967 mit 39 Länderspielen DFB-Rekordtorhüter.

Der neue Rekordnationalspieler der Torhüter, Dortmunds „schwarzer Hans" Tilkowski, war seinem Team einmal mehr ein sicherer Rückhalt. Gutes Stellungsspiel, fangsicher und stark in der Strafraumbeherrschung. Tilkowski war wie eh und je die Zuverlässigkeit in Person. Und konnte sich anlässlich des abschließenden Banketts im „Römischen Kaiser" über die verdiente Ehrung durch DFB-Schatzmeister Jakob Koenen freuen. Das war das würdige Ende einer großartigen Länderspielkarriere.

1970–1979:
Abstiegsschmerz: Bundesliga ade! Wiederaufstieg gegen Nürnberg. Ein BVB-Hit macht Furore. Rasenprobleme im Westfalenstadion.

BVB STEIGT AB

INGO PETER MACHT „MÜCKE"

Es gibt eine Phase in der ruhmreichen BVB-Vereinsgeschichte, an die werden eingefleischte Fans – und nicht nur die – ungern erinnert. Gemeint ist die Zeit von 1972 bis 1976, in der die Borussia in der 2. Bundesliga, Gruppe Nord, kicken musste. Wie konnte es dazu kommen, dass der mehrfache Deutsche Meister und Europapokalsieger von 1966 in ein solches Dilemma schlidderte?

Kenner behaupten kühn, bereits unmittelbar nach dem großen Erfolg von Glasgow mit dem 2:1-Endspielsieg über den FC Liverpool sei der Ausgangspunkt zu suchen. Eine falsche Trainerwahl wird genannt, eine nicht gerade auf Verjüngung ausgerichtete Personalpolitik ins Feld geführt. Lothar Emmerich verließ den Verein, ein Jahr vor dem Abstieg auch Siggi Held.
Die Saison 1971/72 brachte dann den sportlichen Offenbarungseid. Zu Hause 1:5 gegen Bremen, 0:4 gegen Stuttgart, 0:3 gegen Schalke verloren; 0:6 in Kaiserslautern, 2:4 in Bochum, 2:5 in Frankfurt, 1:4 in Düsseldorf, 1:7 in Mönchengladbach untergegangen. Der Gipfel des Masochismus: In München gab es eine 1:11-Packung. BVB-Fan zu sein in jenen Tagen hieß, ein dickes Fell und eine gehörige Portion Vereinsliebe zu besitzen. Das Ende vom Lied waren 20 Pluspunkte und eine erschreckende Tordifferenz von -49.
Allein das Stürmeraufgebot mit Namen wie Hohnhausen, Köstler, Ritschel, Sikora, Weinkauff und Wilhelm ermöglichte eine Angriffs-Formation von ungeheuerer „Durchschlagskraft".
Trainer Horst Witzler, mit dem der BVB in die Saison gestartet war, musste schon bald das Handtuch werfen. Es kam der renommierte Schalker Meistertrainer Herbert Burdenski. Genau jener Burdenski also, der 1950 im ersten Länderspiel der deutschen Nationalmannschaft nach dem Zweiten Weltkrieg gegen die Schweiz das entscheidende Tor zum 1:0-Sieg erzielt hatte. Das allerdings war lange her.
Als Trainer von Borussia Dortmund wusste er schon bald, wer schuld an der ganzen Misere war: Die jungen Spieler, zu denen damals auch Ingo Pe-

BVB-Trainer Horst Witzler (4. v. links) musste schon bald nach dem Saisonstart 1971/72 das sprichwörtliche Handtuch werfen.

ter gehörte, der von Eintracht Dortmund zum BVB gekommen war. Er kam zwar nur höchst sporadisch zum Einsatz, wurde aber unabhängig davon von Burdenskis Herbert gern (und nicht gerechtfertigt) coram publico ausgiebig gerügt. Eines guten Tages war das Fass der Peter'schen Langmut übergelaufen. Wort- und grußlos verließ der Kicker den Trainingsplatz, packte seine Trainingssachen ein, stieg ins Auto und fuhr zur BVB-Geschäftsstelle in die Weißenburger Straße. Margot Stenzel, die Geschäftsstellenleiterin, war förmlich fürbass erstaunt, wie sie später gern erzählte. „Da kam doch der Ingo Peter tatsächlich sichtlich aufgebracht in mein Büro, sagte: ‚Das war's mit mir', und kündigte von jetzt auf gleich seinen Lizenzspielervertrag. Das habe ich in meinen vielen Jahren beim BVB nicht noch einmal erlebt!"

Ingo Peter, der „Vertragsrebell" – hier im Trikot (14) von Chicago Stings in den 1980er-Jahren.

Peter machte später noch eine sehr respektable Karriere bei den Chicago Stings in der US-Soccer-League. Zu seiner Trophäensammlung gehört auch eine US-Meisterschaft, die sein Team – Peter war Vize-Mannschaftskapitän – im Endspiel gegen Cosmos New York gewann. Bei Cosmos spielten damals zahlreiche Super-Kicker von Rang und Namen, an ihrer Spitze ein gewisser Edson Arantes do Nascimento, genannt „Pele"!

DAS BVB-TRIKOT ALS OBJEKT DER BEGIERDE

SAMSON-LÖWE WIRD BVB-EMBLEM

Wenn man sich das BVB-Trikot im Lichte der Geschichte anschaut, stellt man Erstaunliches fest.

So war das erste BVB-Trikot keineswegs schwarz-gelb, sondern blau-weiß gestreift mit einer diagonal über die Brust verlaufenden roten Schärpe. Erst Anfang 1913 änderte sich die Situation. Der Westdeutsche Spielverband genehmigte ein zitronengelbes Jersey mit schwarzem „B" als besondere Zierde. 1918/19 entstand dann das auch heute noch gültige BVB-Emblem. Der Dortmunder Grafiker Edi Birk hat es damals entworfen. Kurz darauf war es auch auf den Trikots zu finden.

Allerdings gab es Zeiten, in denen das Trikot – und damit das Outfit der wichtigsten Repräsentanten des Vereins – für die BVB-Vorstände neben-

Spielankündigungsplakat mit dem neuen BVB-Emblem, dem „Samson-Löwen".

sächlich war. Diese Aussage gilt beispielsweise für die erste Bundesligaphase Anfang der 1960er-Jahre, die „Trikot-technisch" eine erstaunliche Anspruchslosigkeit repräsentierte. Noch nicht einmal das Vereinsemblem war zu sehen. Das war fast schon ein Sakrileg, wenn man die Maßstäbe heutiger Fußballfans anlegt. Dass gerade zum Start der Fußballbundesliga eine modische Diaspora dominierte, macht staunen. Zumal etwa der 1. FC Köln sogar einen französischen Modeschöpfer bemühte, wenn es um die Spielkleidung ging.
Als dann aber die Fußball-Leibchen in den 1970ern immer mehr die gierigen Blicke der werbenden Wirtschaft auf sich zogen, änderte sich auch beim BVB die Situation schlagartig. Zunächst prangte als Dankeschön an die Stadt Dortmund, die mit dem Bau des Westfalenstadions den BVB vor dem finanziellen Absturz bewahrte, das städtische Werbeemblem für knapp ein Jahr auf den Trikots.
Dann klopfte ein niederländisches Tabakunternehmen an die BVB-Tür. Ein Zweijahresvertrag wurde geschlossen, „Samson", so der Firmenname, prangte plakativ auf der Brust der schwarz-gelb gewandeten Kicker aus der westfälischen Metropole. Die werbliche Effizienz war so hoch, dass die Niederländer einen kühnen Plan ausheckten. Wie wäre es, wenn der Samson-Löwe, das Firmen-Signet, zusätzlich die Trikots zieren würde? Der BVB-Vorstand war geschmeidig, hatten die Holländer doch avisiert, dass ihnen diese Lösung gut eine halbe Million Mark wert sein könnte.
Borussia fragte beim DFB nach, der die Genehmigungshoheit über die Spielkleidung hatte. Die Antwort war ein schlichtes „Nein"! Neben dem Trikotsponsor durfte nur noch das offizielle Vereinsemblem gezeigt werden. Und das war bekanntlich seit 1918 der bestens bekannte Kreis mit dem Schriftzug „BVB 09". Ende der Durchsage? Mitnichten! Ein findiger Vereinsmitarbeiter machte den cleveren Vorschlag, den Samson-Lö-

BVB-Mannschaftsfoto zur Saison 1977/78. Auf den Trikots das Emblem mit dem Löwenkopf. Links Trainer Otto Rehhagel.

wen per Vorstandsbeschluss zum BVB-Emblem zu erheben. Gesagt, getan! Der DFB war schmerzfrei, machte keine Einwände und das Unternehmen „Samson“ rieb sich die Hände! Das Ziel war erreicht, der Firmenlöwe Teil des BVB-Trikots. Und Borussia freute sich über die halbe Million, die auf das Vereinskonto floss. Nur einige Club-Puritaner murrten hinter der vorgehaltenen Hand. Für die damaligen Fans wurde das „Löwen-Trikot“ zu einem begehrten Sammlerobjekt. Und im Westfalenstadion skandierten und sangen die Besucher: „Otto, lass die Löwen los!“
Otto Rehhagel, der damalige BVB-Coach, schmunzelte und sah darin eine Bestätigung seiner Popularität.
Nach einem Jahr jedoch war der Emblemspuk wieder vorbei. Der Samson-Vertrag lief aus, das alte Logo wurde wieder eingeführt und das Schwerter Unternehmen „Prestolith“ freute sich über die taufrisch eingekaufte BVB-Werbewirkung.

REHHAGEL, TORHAGEL, REHHAKLES

DER ERSTAUNLICHE OTTO REHHAGEL

Er startete beim BVB als Hoffnungsträger und verließ Dortmund schwer geschlagen. Sein Name: Otto Rehhagel. Zum BVB kam er wie die sprichwörtliche Jungfrau zum Kinde.
Der Ausgangspunkt: Der BVB, damals in der 2. Bundesliga, Gruppe Nord, angesiedelt, wollte aus der fußballerischen Diaspora so schnell wie eben möglich wieder raus. Als 1974 ein finanzieller Kollaps drohte, kam ein neuer Präsident: Heinz Günther, von Beruf Direktor der Großzeche Gneisenau im Dortmunder Vorort Derne. Die Stadt half mit aus der Finanzmisere, mit Otto Knefler kam ein arrivierter Trainer. Eine junge, hungrige Mannschaft wurde aufgebaut, frischer Erfolg stellte sich ein. Die Freundschaft zwischen Präsident Günther und Trainer Knefler war jedoch nicht von langer Dauer. Das Resultat: Knefler musste seine Sachen packen. Horst Buhtz, der alte Fußball-Haudegen und erste deutsche Profi in Italien, trat bis zum Saisonende an seine Stelle. Buhtz war mehr Praktiker denn Theoretiker, gab dem Team aber durchaus neue Impulse.
Allerdings konnte der BVB mit seinem dritten Tabellenrang die hochgesteckten Saisonziele nur bedingt erreichen. Um wieder erstklassig zu werden, standen zwei Entscheidungsspiele gegen den 1. FC Nürnberg an. Deshalb war das Erstaunen im BVB-Vorstand auch groß, als Buhtz mitteilte, dass er gerade beim „Club“ einen Vertrag für die kommende Saison abgeschlossen hatte. Das war ein Knüller!

Otto Rehhagel, BVB-Trainer von 1976–1978.

Natürlich konnte der Günther-Vorstand das damit verbundene Risiko für die Nürnberg-Spiele nicht auf sich nehmen; der Buhtz-Vertrag wurde innerhalb von Minuten aufgelöst. Reinhold Wosab, der damalige Spielerobmann, hatte „aus dem Stand" eine Lösung parat. Otto Rehhagel, aktuell Trainer bei Werder Bremen, weilte mit seinem Team im „Jagdschlösschen" zu Ascheberg. Wosab griff zum Telefonhörer, Rehhagel signalisierte Interesse.
Unverzüglich sollten deshalb Gespräche aufgenommen werden. „Die Mitternacht zog näher schon", da kam die BVB-Delegation in Ascheberg an. Durch einen Hintereingang eingelassen, gab es den Kontakt zum dynamischen Otto. Per Handschlag wurde die Zusammenarbeit besiegelt. Bereits am kommenden Tag nahm Rehhagel seine Arbeit auf. Die beiden Aufstiegsspiele gegen Nürnberg wurden gewonnen; der BVB war wieder erstklassig.
Rehhagel blieb sich auch in Dortmund treu: Zur Presse wurde Distanz aufgebaut, der BVB-Kader mit „Oldies" wie Erwin Kostedde, Herbert Meier, Siggi Held und Amand Theis „garniert". Getreu dem Rehhagel-Motto: „Es gibt keine alten und jungen, sondern nur gute und schlechte Spieler!" Der Erfolg gab ihm Recht. Bereits das erste Bundesligaspiel nach dem Aufstieg wurde beim großen Favoriten HSV sensationell mit 4:3 gewonnen. In der Abschlusstabelle 1976/77 belegte der BVB einen respektablen achten Rang. Die zweite Rehhagel-Saison lief ebenfalls nicht schlecht, konnte an das erste Jahr nach dem Aufstieg jedoch nicht heranreichen.

Pressebesprechung 1977 mit BVB-Trainer Otto Rehhagel. Links Pressesprecher Gerd Kolbe, unser Buchautor.

Mit der Presse allerdings gab es Probleme, und auch im Verhältnis zur Mannschaft war nicht alles Gold, was glänzte. Mannschaftskapitän und Torhüter Horst Bertram jedenfalls hatte so sein Knacken mit dem Coach. Deshalb trat Peter Endrulat an Bertrams Stelle. Das galt auch für das letzte Saisonspiel im Mai 1978 gegen Borussia Mönchengladbach, das nicht

Spielankündigungsplakat vom zweiten Bundesliga-Relegationsspiel zwischen dem BVB und dem 1. FC Nürnberg.

auf dem Bökelberg, sondern im Düsseldorfer Rheinstadion stattfand. Die „Fohlenelf" spielte den BVB regelrecht schwindelig und gewann sensationell mit 12:0. Kalle del Haye „tanzte" seinem Gegenspieler Herbert Meyer praktisch einen Knoten in die Beine, und Jupp Heynckes verwandelte höchstpersönlich fünf herausragende Vorlagen zu Treffern. Das Ergebnis war (und ist) Bundesligarekord und sorgte für heftige Turbulenzen. Dies letztlich auch deshalb, weil durch diesen Kantersieg fast noch die Deutsche Meisterschaft 1978 zu Gunsten der „kleinen" Borussia umgebogen worden wäre. Zum Glück siegte der 1. FC Köln mit 5:0 gegen St. Pauli – der Titel für die Weisweiler-Schützlinge war damit perfekt. Sonst hätte es sicherlich einen Aufschrei ohne Ende gegeben.
Otto Rehhagel erhielt nach diesem Spiel den Schmähnamen „Torhagel" und musste den Hut nehmen. Der BVB-Vorstand traf sich am folgenden Sonntagmorgen im Hause des Hoesch-Arbeitsdirektors und BVB-Wirtschaftsratsmitglieds Walter Hölkeskamp und beschloss unter dem Eindruck der Geschehnisse, Otto Rehhagel fristlos zu entlassen.
Rehhagel ging nach Düsseldorf und wurde dort Deutscher Pokalsieger. Seine größten Vereinserfolge feierte er mit Werder Bremen. Drei Deutsche-Meister-Titel, zwei DFB-Pokalsiege und ein Europapokalsieg sind das sichtbare Zeichen der fruchtbaren Zusammenarbeit. Der Knüller zum Karriereabschluss war fraglos der Gewinn der Fußball-Europameisterschaft 2004 mit der griechischen Nationalmannschaft. In Portugal gelang die übergroße Sensation. Die Griechen gaben „Otto dem Großen" einen weiteren Namen, der ihm auch heute noch zur Ehre gereicht: Rehhakles – eine Wortkombination aus Rehhagel und Herakles, dem großen Helden der griechischen Mythologie.

1976/77: JETZT WIRD'S PERSÖNLICH

DIE SCHWERE GEBURT EINES LIEDES

Fußballer singen gern ein zünftiges Lied und trinken dabei bevorzugt ein leckeres Glas „Gerstenkaltschale", wie man das Bier in unseren Breitengraden nennt. An beidem ist sicher etwas dran. Unser Blick soll aber heute einmal nur der Sangeslust gewidmet sein, der die Meister des runden Leders und ihr Anhang so gern verfallen. Das älteste Fußballlied, so schreibt es zumindest der weltbekannte Bildhauer Benno Elkan in seiner Autobiographie, dürfte aus der Feder des Dortmunder Fußballpioniers stammen und muss so um 1890 herum das Licht der musikalischen Welt erblickt haben.
Das erste BVB-Lied ist einige Jahre jünger. Es wurde 1916 im Ersten Weltkrieg an der französischen Westfront geboren. Heinrich Unger, Borussias erster Präsident, schrieb den Text während einer Nachtwache im Feindesland und wählte für seine Liebeserklärung an den BVB die Melodie des da-

mals sattsam bekannten „Ardennerwald um Mitternacht“ aus. Auch Ungers Text ist verschollen – nicht aber der Refrain, der da lautet: „Aber eins, aber eins, das bleibt besteh'n, Borussia Dortmund wird nie untergeh'n!“ Das kommt uns nun aber sehr bekannt vor und wird heute immer noch gern als Ergänzung zum BVB-Vereinslied „Wir halten fest und treu zusammen!“ geschmettert. Für die offizielle Vereinshymne schlug die Geburtsstunde übrigens 1934 anlässlich des 25-jährigen Vereinsbestehens. Dann wurde es ruhig rund um den Gesang beim BVB. Erst 1956, unmittelbar nach der Deutschen Meisterschaft, gab es wieder einen neuen Song. „Der neue BVB-Marsch“ war sein wenig zündender Titel.

In den 1970ern begann dann eine echte Renaissance des Gesangs. Eines der damaligen Lieder hat eine durchaus interessante Geschichte:

„Gestatten, mein Name ist Bandosz, Karl-Heinz Bandosz!“ Der gut gelaunte Herr, der sich mir so formvollendet vorstellte, erzählte mir, er käme aus der Nachbarstadt Unna, sei Sänger und habe einen geradezu taufrisch neuen BVB-Song mitgebracht, der wirklich klasse sei. Dieses Lied, so Sangesbruder Bandosz weiter, würde in wenigen Wochen als Schallplatte herauskommen. Sein größter Wunsch wäre, es einmal im Westfalenstadion den BVB-Fans vorsingen zu dürfen. „Hier ist das Demo-Band. Hören Sie sich das Lied einmal an“, so meinte er abschließend und entschwand.

Wie versprochen, so getan. Zu Hause ließ ich das Band geschwind auf mich wirken und war echt erstaunt: Durchaus professionell gemacht. Nette Melodie, eingängiger, mitreißender Rhythmus, schmissiger Text, gute Produktion. Kategorie Ohrwurm. Auch Reinhold Wosab, der damalige BVB-Fußball-Obmann, war mit einem Probeband gesegnet worden. Ihn hatte ein BVB-Senioren-Fanclub angesprochen. Wosab war ebenfalls sehr angetan. Wir verabredeten, dass ich die Sache in der nächsten Vorstandssitzung ansprechen sollte.

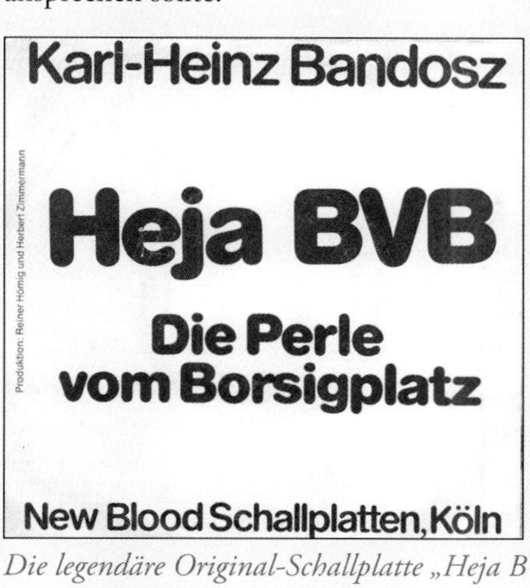

Die legendäre Original-Schallplatte „Heja BVB“ von Karl-Heinz Bandosz.

BVB-Präsident Heinz Günther zeigte sich aber leider nur mäßig begeistert von der Idee eines weiteren BVB-Liedes und fällte ein wenig schmeichelhaftes Urteil. Tenor: „So etwas werden wir nicht im Stadion spielen, basta!"
Als Pressesprecher hat man ab und zu die Möglichkeit, auch mal eine feste Vorstandsmeinung durch einen kleinen Trick aufzuweichen. Deshalb gab ich das Demoband einigen Vertretern der Dortmunder Presse, damit sie mal reinhörten. Ihr Feedback war durchgängig positiv.
Sie versprachen, das Thema in der Pressebesprechung am Donnerstag der nächsten Woche einmal anzusprechen. Ich sah der Pressekonferenz mit etwas gemischten Gefühlen entgegen. Die Reaktion von Heinz Günther war nicht vorauszusehen. Als die Journalisten das Gespräch auf den neuen Song brachten, runzelte der starke Mann des BVB kurz die Stirn, zeigte sich dann aber ausgesprochen geschmeidig und sagte eine Gesangspremiere anlässlich des nächsten Heimspiels zu.
Nach dem Pressegespräch nahm er mich zur Seite, nannte mich ein großes Schlitzohr und grinste: „Sie müssen ja von dem Lied sehr überzeugt sein!"
Ich guckte zunächst treuherzig unwissend, gab dann aber meine „Untat" zu.
Karl-Heinz Bandosz freute sich ein Loch in den Bauch, wie wir Westfalen sagen, und stellte sein neues BVB-Lied voller Freude und gesanglich einwandfrei im Westfalenstadion vor. Jubel auf den Rängen!
Das Lied machte eine große Karriere, wurde von den Fans begeistert mitgesungen und wird auch heute noch vor jedem Heimspiel im Signal Iduna Park gespielt. Der Titel: „Heja, BVB!"

HEIMPREMIERE 1977/78 FIEL AUS

REGENWASSER KNÖCHELTIEF

Genau um 15.15 Uhr an diesem ominösen Samstag, dem 13. August 1977, stand es definitiv fest: Die BVB-Heimpremiere zur Bundesligasaison 1977/78 mit der Begegnung gegen den MSV Duisburg konnte auf keinen Fall stattfinden. Die angestauten Wassermassen im Westfalenstadion hätten eine Kanuregatta ermöglicht, aber kein Fußballspiel. Dortmunds Sportdezernent Erich Rüttel und sein Stadtratskollege Winfried Hinz verkündeten die Entscheidung gemeinsam den zahlreichen Journalisten im Presseraum. Stadionsprecher Walter Wolniewicz versuchte gleichzeitig, den Zigtausenden im Stadion schonend die kuriose Wahrheit zu verklickern. Hohngelächter auf den Rängen. Zähneknirschend verließ man das Stadion.
Die Geschichte dieser skurrilen Blamage ist ein Klassiker schlechthin: Im Frühjahr 1977 verschwand der Stadionrasen auf Nimmerwiedersehen. Jede Bundesligapartie wurde ein Abenteuer mit ungewissem Ausgang. Der

Die Wüste lebt! Blick auf den „Rasen" des Westfalenstadions im Frühjahr 1977.

Grund: Millionen Würmer hatten ohne Vorwarnung das Fressen von Graswurzeln zu ihrem Hobby erkoren und dem Rasen den Garaus gemacht. Der Braunschweiger Danilo Popivoda wurde kurz vor Saisonende der prominenteste Leidtragende der unhaltbaren Situation: Sololauf durch die rasenfreie Sandwüste im BVB-Strafraum, Torwart Bertram gekonnt ausgespielt. Aber – ätsch – kein Tor. Vielmehr im Sandloch hängen geblieben. Fußball-Deutschland lachte, „Popi" tobte. Die Konsequenz: Das letzte BVB-Saisonheimspiel musste auswärts im Gelsenkirchener Parkstadion gegen den 1. FC Köln ausgetragen werden.
Und dann kam Mister John Escritt. Der Rasenpapst aus der Partnerstadt Leeds. Der Gärtner der Königin. Erprobt in Wembley und in Wimbledon. Seine überaus kühne These: „Ich brauche nur drei Monate, dann ist die Sache geritzt!" Und Escritt schritt sofort zur Tat. Der gesamte Rasenbereich wurde ausgekoffert, eine besondere Sandmischung regelrecht komponiert und kilometerweit von Rhein und Ruhr herangekarrt. Natürlich war auch ein spezieller Samen-Mix erforderlich. Gesagt, gemixt. Mister Escritt war immer dabei. Mit Rasensaat und Zollstock – und mit seiner obligatorischen Zigarette im Mundwinkel.
Alle, die etwas vom Rasen verstanden, staunten Bauklötze. Denn John Escritt behielt recht. Der Rasen wuchs, das satte Grün lud förmlich zum Kicken ein. Der Saisonstart 1977/78 konnte problemlos kommen. Meinte man. Doch dann meldete sich ein gewisser Petrus zu Wort. Er ließ es vor dem Match gegen Duisburg tagelang wie aus Eimern regnen. Oh, Schreck lass nach: Der Rasen war zwar spitze, aber leider so dicht gewachsen, dass er kein Wasser durchließ. Das Stadion ähnelte rasch einem abgezirkelten viereckigen See. Die Feuerwehr kam und pumpte das Wasser ab. 24 Stunden vor dem Anpfiff entspannte sich kurz die Situation. Doch Petrus öffnete wenig später wieder die Schleusen. Erinnerungen an die Sintflut wurden wach. Und dann – siehe oben – das Ende aller Träume von einem bespielbaren Westfalenstadion. Tage später erhielt der Rasen eine Spezialbehandlung in Sachen Durchlässigkeit. Er wurde regenfreundlich aufgeschlitzt; zahllose Löcher, in die man Sand einfüllte, wurden gebohrt. Das Spiel gegen Duisburg konnte folgerichtig zwei Wochen später problemlos nachgeholt und gewonnen werden.

AUCH DAS HALF NICHTS MEHR. Der Dortmunder Platz praktisch unter Wasser, das Spiel mußte zwangsläufig abgesagt werden. Bild: Simon

Kampf um Absage wie eine schlechte Schmierenkomödie

Rasenfläche im Westfalen-Stadion bot sich dar wie eine Seenplatte

Von ROLF DENNEMARK WAZ DORTMUND

Willi Lippens, die „Ente", traf den Nagel auf den Kopf. Der Verletzte und so arg im BVB-Team vermißte Starstürmer kommentierte den Ausfall der Begegnung zwischen Borussia und dem MSV den im Kabinengang versammelten Spielern beider Parteien nämlich treffend: „Was wollt ihr denn in dieser Sumpflandschaft. Da wäre ich doch nur zurechtgekommen. Oder habt ihr auch Schwimmhäute zwischen den Zehen?"

WAZ am 15. August 1978.

BVB-HEIMSPIEL …

… IM GELSENKIRCHENER PARKSTADION

Freitage, die auf einen 13. fallen, haben im Volksmund einen eindeutig zweideutigen Ruf. Der 13. Mai 1977 war ein solcher Freitag. Da kann der BVB rückblickend ein Liedchen von singen.

Die Vorgeschichte ist bekannt. Auf dem unsäglichen „Kartoffelacker" versank Braunschweigs Popivoda bei seinem Sturmlauf ins leere Borussentor wenige Meter vor der Torlinie in einem großen Sandloch. Kein Tor, unentschiedener Ausgang und ein berechtigter Protest des Gegners. Der DFB handelte unverzüglich und verbot dem BVB die Austragung des letzten Saison-Heimspiels im eigenen Stadion. Die Freunde aus Schalke erwiesen sich als Retter in der Not – der BVB durfte die „Heimpartie" gegen den 1. FC Köln im Gelsenkirchener Parkstadion durchführen.

Und hier die Eintrittskarte zu diesem außergewöhnlichen „Heimspiel"!

Plakat des BVB-Heimspiels gegen den 1. FC Köln 1977 im Gelsenkirchener Parkstadion. Eine Rarität erster Güte!

Und damit sind wir wieder bei Freitag, dem 13. Mai 1977. Die Borussen liefen also zu ihrem historisch bislang ersten und einzigen „Heimspiel auf fremdem Geläuf“ ins Parkstadion ein.
Muss erwähnt werden, dass es an diesem ominösen Freitag wie aus Eimern goss? Muss erwähnt werden, dass dieses Heimspiel außerhalb Dortmunds mit 1:2 „in die Hose“ ging? Erwähnenswert allerdings ist eigentlich nur, dass etwa zwölf Minuten vor Spielschluss sich ein gewisser Bernd Krauss aus DO-Schüren den BVB-Dress überstreifte und zu seinem ersten und einzigen Einsatz in der Rehhagel-Truppe kam. Genau jener Bernd Krauss, der später sehr erfolgreich bei Gladbach und in Österreich kickte und Anfang des neuen Jahrtausends für eine kurze Zeit den BVB trainierte – wenn auch nicht mit viel Fortune.

BVB SPIELT FÜR UNICEF

500 000 DM GINGEN NACH NEW YORK

Kurz vor Jahreswechsel 1978/79 stand den Dortmunder Fußballfans ein ganz besonderer sportlicher Leckerbissen ins Haus. Eine internationale Auswahl, gespickt mit den klangvollsten Namen des Weltfußballs, kam ins Westfalenstadion, um gegen den BVB anzutreten. Ohne Gagen und nur für den guten Zweck: für die hungernden Kinder der Welt. Der Reinerlös der Veranstaltung ging zu UNICEF, dem Weltkinderhilfswerk der Vereinten Nationen.
BVB-Präsident Dr. Reinhard Rauball fasste Intention und Hoffnung der Aktion in folgende Worte: „Bedenkt man, dass viele Millionen Kinder dieser Welt ohne tägliches Brot sind, so kann der Reinerlös nur ein Tropfen auf dem berühmten heißen Stein sein. Andererseits könnte von dem leitenden Gedanken dieses Spiels eine Signalwirkung ausgehen, die zu einer grundlegenden Hilfsbereitschaft den notleidenden Kindern gegenüber führt!“

BV Borussia 09 e.V. Dortmund
präsentiert:

Spiel zugunsten der UNICEF
(Weltkinderhilfswerk der Vereinten Nationen)

Internationale Auswahl
gegen
Borussia Dortmund

Freitag, 28.12.1979
Westfalenstadion Dortmund
Anstoß 19.30 Uhr

Programmheft für das Benefizspiel zugunsten von UNICEF am 28. Dezember 1979.

Der BVB, damals Bundesliga-Dritter, schaffte innerhalb von drei Wochen die filigrane Organisation für die Partie. Der gute Zweck verlieh organisatorische Flügel. Die UNICEF, durch ihren europäischen Repräsentanten in Dortmund vertreten, ließ auch schon durchschimmern, wohin die „namhafte sechsstellige Summe aus Dortmund“ (so Dr. Reinhard Rauball) flie-

ßen würde: nach Kambodscha. Also genau dorthin, wo damals die Not am größten war.
Alle Organisatoren atmeten auf, als an diesem 28. Dezember 1979 die Weltelf auch tatsächlich auf dem Rasen stand. Das galt sowohl für den jugoslawischen Spielervermittler Branko Peravanovic, der als der geistige Vater dieses Spiels anzusehen war, als auch für die Verantwortlichen des BVB. Die illustre Spielerschar wurde angeführt von Franz Beckenbauer und Johan Cruyff, den beiden wohl besten Akteuren der 1970er-Jahre. Hinzu kamen Kevin Keegan, Bruno Pezzey, Oleg Blochin, Hansi Müller und Manni Kaltz, um nur einige der weiteren großen Cracks zu nennen.
Das Spiel vor über 30 000 begeisterten Besuchern brachte ein Fest der Superstars mit toller Technik und hübsch anzusehende Ballstafetten. Der BVB zeigte sich bestens eingestellt und spieltaktisch keineswegs unterlegen. Dadurch bedingt gab es ein flottes Match, in dem in der 56. Minute das erste Tor durch den Jugoslawen Susic fiel. Weltelf-Kollege Botteron aus der Schweiz markierte wenige Minuten später das 2:0. Dann ging der BVB zur Sache und schoss drei Treffer in schöner Serie. Zweimal Wolfgang Vöge und zum guten Schluss Paul Holz machten den 3:2-Sieg des BVB perfekt. Nach dem Spiel strahlende Gesichter überall. Der Scheck, den Dr. Reinhard Rauball auf den Weg nach New York gab, wies nämlich die stolze Summe von 500 000 DM auf.
Das soziale Engagement von Borussia Dortmund blickt auf eine stolze Tradition zurück. Begonnen hat alles 1919 mit dem ersten Benefizspiel der DFB-Geschichte überhaupt. Für die aus dem Ersten Weltkrieg zurückgekehrten Soldaten traten die Borussen in Neheim-Hüsten vor über 3000 Besuchern an.
Hier noch ein paar weitere Beispiele: Der Erlös des Spiels gegen die „Uwe-Seeler-Elf" mit zahlreichen Weltmeistern ging 1984 an die Kinderferienparty in der Westfalenhalle. 1996 spielte der BVB gegen den weißrussischen Meister FC Minsk in Olpe 40 000 DM ein, die für die Opfer von Tschernobyl zur Verfügung gestellt wurden. Die Teilnahme an einem Benefizspiel in Duisburg für die Leidtragenden der Katastrophe von Fukushima war den Schwarz-Gelben 2011 eine selbstverständliche Pflicht.
BVB-Spieler engagieren sich im Roten Keil, einem Netzwerk gegen Kinderprostitution. In den Tagen vor Weihnachten spendet die 1. Mannschaft mit ihrem Trainer Jürgen Klopp an der Spitze Trost und Hoffnung in der Städtischen Kinderklinik und nimmt dorthin eine Menge Präsente mit.
Der Fan-Club „Sonnenkönige" kümmert sich liebevoll um behinderte BVB-Fans innerhalb und außerhalb Dortmunds, „Borussia Commondale" hilft nach Kräften in Südafrika.
Auch die BVB-Fan- und Förderabteilung setzt vielfältige Akzente. So arbeitet man beispielsweise mit dem „Dortmunder Gasthaus" zusammen. In dieser Einrichtung gibt es warme Mahlzeiten und Bekleidung für Obdachlose, was gerade in der kalten Jahreszeit sehr wichtig ist.

Spiel für die Kinderferienparty in den Westfalenhallen am 4. April 1984. Von links: Franz Beckenbauer, Horst Hrubesch, Norbert Nigbur, Wolfgang Paul, Timo Konietzka und Lothar Emmerich.

Die eindeutige Positionierung im Kampf gegen rechtsextreme politische Strömungen gehört ebenfalls dazu. Eine große Resonanz fanden Anfang März 2013 die gemeinsam mit dem Fan-Projekt, der Jüdischen Kultusgemeinde, dem Jugendring Dortmund und den Botschaftern der Erinnerung durchgeführte Gedenkstunde für den von den Nazis ermordeten jüdischen Nationalspieler Julius Hirsch und die Darstellung des „BVB in der NS-Zeit“ im Rahmen der Bittermark-Gedenkfeier Karfreitag 2013. Hier standen die BVB-Widerstandskämpfer Heinrich Czerkus, Franz Hippler und Fritz Weller im Blickpunkt der eindrucksvollen Ausführungen.
Fußball ist mehr als ein 1:0. Gerade Borussia Dortmund beherzigt diese Worte des früheren DFB-Präsidenten Egidius Braun in exemplarischer Weise.

1980–1989:
Legendäre Stadiongeschichten, Geburt der Public Viewings begründen weltweite Erfolgsgeschichte, DFB-Pokalsieg über Bremen.

RADUCANU „TÜRMT“

DAS WESTFALENSTADION ALS FLUCHTHELFER

Tauchen wir ein in eine Zeit, in der der so genannte „Kalte Krieg“ zwischen Ost und West tagtäglich präsent war, eine Mauer Deutschland teilte und die Sowjetunion ihre Satellitenstaaten im Comecon ausbeutete. Wir schreiben das Jahr 1980. Der BVB hat für die Eröffnung der Spielzeit 1980/81 die rumänische Nationalelf eingeladen. In dieser Mannschaft kickt ein begnadeter Techniker und Spielgestalter namens Marcel Raducanu. Dieser wurde in den Jahren zuvor wegen seiner außergewöhnlichen Fähigkeiten mehrfach zum Fußballer Rumäniens „gekürt“. Seine Popularität in Rumänien wird nur noch von der legendären vielfachen Turn-Olympiasiegerin Nadia Comaneci übertroffen.

Marcel Raducanu (rechts), hier im Zweikampf mit Wolfgang Vöge von Bayer Leverkusen.

Marcel Raducanu hatte schon einmal während eines Turniers in Frankreich mit dem Gedanken geliebäugelt, seine Mannschaft Steaua Bukarest zu verlassen und in Westeuropa zu bleiben. Frankreich allerdings war nicht das Land seiner Träume. Die Bundesliga war sein Ziel. Hier wollte er beweisen, welch hohes Potential er als Kicker hatte. Also hieß es, sich in Geduld zu üben.

Und dann kam die lang ersehnte „Chance von Dortmund". Der Starkicker hatte mit einem Freund aus Hannover abgesprochen, dass diese Möglichkeit zu nutzen sei. Eine Halbzeit lang wollte er glänzen, eine gute Visitenkarte abgeben und dann, Anfang der zweiten Halbzeit, das Weite suchen. Alles lief wie geplant. Raducanu spielte klasse und beeindruckte mit seiner Supertechnik. Dann, kurz vor dem Pausenpfiff, ein Griff ans Knie. Mit schmerzverzerrtem Gesicht humpelte er zur Trainerbank, signalisierte: „Ich kann nicht mehr", und verschwand in Richtung Umkleidekabine. In der Halbzeit versuchte sein Trainer mit Nachdruck, seinen Star zu überreden, nochmals aufzulaufen. Marcel allerdings wand sich in angeblichen Schmerzen, sodass er in der Kabine bleiben durfte.

Kaum war die zweite Halbzeit angepfiffen, gesundete der Ballartist praktisch von Sekunde zu Sekunde. Er zog sich blitzschnell den Trainingsanzug über, packte seine Sporttasche, sauste pfeilschnell aus der „Umkleide" und dann aus dem Spielerbereich in Richtung Stadionausgang. Dort wartete sein Kumpel aus Hannover im Auto und verschwand flugs mit dem jetzt offiziell als Flüchtling zu bezeichnenden Marcel Raducanu. Vier Stunden lang wurde der Abtrünnige von seiner Mannschaftsleitung gesucht.

Obwohl „umzingelt", findet Marcel Raducanu (Mitte) Zeit für einen seiner brillanten Pässe.

Dann gab man resigniert auf. Das würde Folgen haben! Immerhin war Raducanu als „Staatsamateur“ Hauptmann der Armee und galt jetzt als fahnenflüchtig. Später wurde er „in Abwesenheit“ zu sechs Jahren Haft verurteilt.

Raducanu ließ sich zunächst in Hannover nieder, kam dann aber schon bald nach Dortmund zurück. Der BVB mit seinem Trainer Branco Zebec an der Spitze warf seine Angel aus. Diesem schmackhaften Köder konnte und wollte Raducanu nicht widerstehen. Bis 1988 war der begnadete Techniker das Herzstück im BVB-Mittelfeld und genoss große Sympathien bei den Fans. An seine Tricks und Finten denken heute noch viele zurück, die ihn haben spielen, pardon: zaubern sehen. In der Schweiz beim FC Zürich klang die Karriere später aus. Heute betreibt Marcel Raducanu in Dortmund eine gut florierende Fußballschule, die unter anderem auch Mario Götze und seine Brüder durchlaufen haben.

Der Signal Iduna Park gilt als das tollste Stadion der Welt, so ein Ranking der Londoner Times. Dass er vor über 30 Jahren als „Westfalenstadion“ auch als erfolgreicher „Fluchthelfer“ in Erscheinung trat, offenbart eine besondere Facette dieser außergewöhnlichen Fußballarena.

„IN FREUNDSCHAFT“ GEGEN MAGDEBURG

DIPLOMATISCHE VERWICKLUNGEN MIT DER DDR

In der Zeit des Eisernen Vorhangs und des daraus resultierenden Kalten Krieges zwischen Ost und West waren deutsch-deutsche Begegnungen im Sport dünn gesät. Um ein solches Ereignis zu realisieren, bedurfte es der Einbeziehung diplomatischer Kreise auf höchster Ebene. Die Bundesrepublik forcierte und unterstützte diese Vorhaben, bei den DDR-Verantwortlichen konnte man sich da nicht immer sicher sein. Insgesamt war höchste Vorsicht geboten, wenn ein solches Sportereignis anstand. Ein diplomatischer Fauxpas war nicht angebracht, sollte im Gegenteil tunlichst vermieden werden. Als mahnendes Beispiel stand immer noch das Verhalten des FC Bayern im Vorfeld des Achtelfinals des Europapokals der Landesmeister – heute Champions-League – Ende 1974 in Magdeburg gegen den dortigen FC vor Augen. Die Münchener brachten doch tatsächlich in ihrem Bus ihre gesamte Verpflegung mit und brüskierten damit die Gastgeber aus der DDR. „Aktion Henkelmann“ titelte satirisch-höhnisch der „Spiegel“.

Genau dieser FC Magdeburg, 1974 der erste Europapokalsieger der DDR, kam Anfang April 1982 zu einem Freundschaftsspiel nach Dortmund. Mittlerweile war man zwar nur noch Mittelmaß, hatte mit Joachim Streich aber immer noch einen Akteur von größter Reputation in den eigenen Reihen.

Akribisch wurde versucht, keinesfalls in diplomatische Fallen zu tappen. Trotzdem gab es einen von den Gästen provozierten Eklat, der die BVB-

Kein Tausch

Vor dem innerdeutschen Spiel zwischen dem **BVB** und dem **FC Magdeburg**, das der BVB Dienstag im Westfalenstadion **3:1** gewann, fragte FC-Präsident **Manfred Zapf** bei den Borussen an, ob sie nach dem Treffen – wie international üblich – an einem **Trikotausch** interessiert wären. Er machte die Borussen allerdings darauf aufmerksam, daß der Tausch nach **DDR-Sitte** nicht auf dem Spielfeld vorgenommen werden dürfe, sondern in den **Kabinen.** Die Borussen verzichteten darauf. Sicherlich auch deshalb, weil ihre Trikots **wertvoller** sind.

Nie wieder

Solche Begegnungen innerhalb des **Sportverkehrs** mit Beteiligung einer **BVB-Mannschaft** wird es vorläufig **nicht mehr geben.** „Wir haben die **Nase** davon voll. Die **Provokation** vor Spielbeginn, mit dem Verlangen die Stadion-Zeitschrift einzuziehen, hat uns gereicht", sagte BVB-Schatzmeister **Jürgen Vogt**, „die Magdeburger machten bei Leibe nicht den **Eindruck,** daß sie überhaupt an solchen Spielen **interessiert** sind."

Die Presse nimmt die „innerdeutsche" Problematik ins Visier.

Verantwortlichen auf die Palme brachte. In einem Gastbeitrag in der Stadionzeitschrift hatte Dortmunds Bürgermeister Gustav Korthen von einem „innerdeutschen Treffen" der beiden Mannschaften gesprochen. Diese Formulierung genügte den Magdeburgern, ultimativ das Verbot der Publikation zu fordern. Motto: Entweder wird die Zeitung aus dem Verkehr gezogen, oder wir reisen unverzüglich ab. Um die Situation nicht eskalieren zu lassen, lenkte der BVB ein und unterband den Verkauf des Heftes.

Erstaunen auch, als die Magdeburger zwar anregten, dass die Spieler nach der Partie die Trikots tauschen sollten, das aber bitte nicht auf dem Rasen, sondern später in den Kabinen. Man wollte wohl verhindern, dass „Klassenfeinde" sich vor den Augen des Publikums brüderlich ihre Oberbekleidung in die Hände drückten. Was für ein schändliches Bild wäre das aus der Sicht des Gastes gewesen. Die Borussen waren es jetzt leid und verzichteten dankend.

Nicht zu vergessen: Es wurde auch noch Fußball gespielt. Magdeburg entpuppte sich als besserer Trainingspartner und unterlag sang- und klanglos mit 1:3. Das Ehrentor für die Gäste erzielte WM-Star Joachim Streich fast unmittelbar nach dem Anpfiff. Klotz, Abramczik und Votava stellten dann den BVB-Erfolg sicher.

DER BVB IN DER RELEGATION

DAS DRAMA GEGEN FORTUNA KÖLN

Als sich die BVB-Anhänger zum Abschluss der Saison 1985/86 verdutzt die Augen rieben, glaubten sie selbigen kaum zu trauen: Zwar hatten die Schwarz-Gelben das letzte Bundesligamatch in Hannover mit 4:1 gewonnen, die Gesamtbilanz jedoch sah trübe aus: Borussia Dortmund befand sich auf einem höchst unerfreulichen 16. Tabellenrang. Das hieß mit anderen Worten: Um die Klasse zu erhalten, musste man Relegationsspiele gegen den Dritten der 2. Bundesliga, Fortuna Köln mit Namen, austragen. 47 000 Besucher bevölkerten am 14. Mai 1986 das Müngersdorfer Stadion zu Köln. Das Team von Jean Löring, dem Finanzier, Lenker und Leiter der Fortuna, gewann sicher mit 2:0. Das war keine gute Ausgangsposition für das Rückspiel am folgenden Pfingstmontag. In Dortmund war es brutal heiß an Pfingsten! Zudem war bekannt geworden, dass Jürgen Weg-

Titel des Stadionmagazins zum „Freundschaftsspiel" gegen den 1. FC Magdeburg.

mann, die „Kobra", den BVB verlassen und in der folgenden Spielzeit den FC Schalke verstärken würde. Als die 54 000 Wegmann beim Warmlaufen auch noch mit „Judas-Rufen" bedachten, sank die Stimmung trotz der Hitze auf den Gefrierpunkt.

Um den Gastgebern praktisch das letzte vorhandene Fünkchen Hoffnung zu nehmen, ging die Fortuna auch noch mit 1:0 in Führung. Jetzt musste der BVB schon drei Tore schießen, um zumindest ein drittes Entscheidungsspiel zu erreichen. Fortuna agierte kombinationssicher, der BVB wirkte gehemmt. Mit dem 0:1 ging es in die Pause. Der Versuch, sich gegenseitig Mut zu machen, war löblich, klang aber ein wenig wie das sprichwörtliche Pfeifen im dunklen Keller.

Neun Minuten nach dem Wiederanpfiff wurde Ingo Anderbrügge im Strafraum gerempelt. Ob das ein Strafstoß war? Der Schiri sagte ja, Michael Zorc ließ sich die Chance nicht entgehen und verwandelte gewohnt eiskalt. Eine knappe Viertelstunde später gab es eine Aktion von absolutem Seltenheitswert: Marcel Raducanu, der rumänische Ballvirtuose, platzierte

Eintrittskarte für das entscheidende dritte Bundesliga-Relegationsspiel zwischen dem BVB und Fortuna Köln.

einen Super-Kopfball passgenau in die Maschen. 2:1! Ein Kopfball von Raducanu! Unglaublich.

Als der Fernsehreporter bereits den Aufsteiger Fortuna Köln mit den Worten „Eine Bereicherung für die Bundesliga“ feierte, näherte sich die entscheidende Glückssekunde für den BVB. Mit dem Mute der Verzweiflung zog Ingo Anderbrügge ab. Fortuna-Torwart Jarecki machte seinen einzigen Fehler im gesamten Spiel. Die eben noch geschmähte „Kobra“ mit Namen Jürgen Wegmann war zur Stelle, staubte ab, und in der absolut letzten Spielsekunde war das erlösende 3:1 für den BVB Realität.

Das dritte und letztlich entscheidende Spiel wurde auf neutralem Geläuf im Düsseldorfer Rheinstadion ausgetragen. Fortuna war arg grippegeschwächt. 13 Spieler waren krankgeschrieben, Köln bat um Spielverlegung. Aber: Zum Spielbeginn waren alle – bis auf zwei gesperrte Gelbsünder – an Bord. Zur Halbzeit führte der BVB mit 1:0. Danach brach Köln, tatsächlich von Krankheit geschwächt, regelrecht zusammen und wurde förmlich überrollt. Nach den 90 Minuten von Düsseldorf hieß es 8:0 für den BVB. Trainer Reinhard Saftig und Präsident Dr. Reinhard Rauball lagen sich in den Armen. Der zweite Bundesligaabstieg des BVB war abgewendet!

Es ist vollbracht! BVB-Trainer Reinhard Saftig und Präsident Dr. Reinhard Rauball (rechts) jubeln über den Klassenerhalt.

VOLKSZÄHLUNG!

BUNDESLIGASPIEL IN GEFAHR

Das Bundesligaspiel des BVB gegen den HSV in der Spielzeit 1986/87 fand am 15. Mai 1987 vor 41 800 Besuchern statt und endete mit einem 4:3-Sieg der Gastgeber. Zur Halbzeit stand es 1:1.
Mit diesen dürren Worten könnte man das Geschehen im Dortmunder Westfalenstadion darstellen und dann wieder zur Tagesordnung übergehen. Das würde allerdings der Gesamtsituation nur bedingt gerecht, denn fast hätte diese Partie gar nicht stattgefunden. Aber eben nur fast!
Was war geschehen? Im Frühjahr 1987 gab es in Deutschland leidenschaftliche Debatten um die erste staatliche Volkszählung. Musste das überhaupt sein? Wollte der Staat im Sinne von Orwells Roman „1984" als „Big Brother" einen zu intimen Blick auf seine Bürger werfen? Stünde vielleicht sogar der gläserne Mensch vor der Realisierung? Fragen über Fragen, die der Beantwortung harrten. Und die zahlreiche Volkszählungs-Gegner auf den Plan riefen. Diese waren mit ihren Aktionen durchaus erfinderisch. So staunten die Mitarbeiter des Sportamtes der Stadt Dortmund, an ihrer Spitze Stadion-Verwalter Gustav Sträter, nicht schlecht, als sie an besagtem 15. Mai, einem Freitag übrigens, morgens ins Westfalenstadion kamen. Da stand in riesigen Lettern auf dem grünen Rasen zu lesen:
„DER BUNDESPRÄSIDENT: BOYKOTTIERT UND SABOTIERT DIE VOLKSZÄHLUNG!"
Donnerwetter: Waren da doch des Nachts die „Täter" über den Zaun geklettert, um ihren Protest gegen die staatlich oktroyierte „Spitzelaktion" plakativ zu artikulieren. Damit, so hofften sie wohl, war ihnen bundesweite Aufmerksamkeit sicher. Hier wurde nun zum ersten Mal in der Geschichte der Fußball-Bundesliga ein Stadion „missbraucht", um eine politische Parole unters Volk zu bringen.
Und das war noch keineswegs alles! Denn durch diese Aktion war das abendliche Bundesligaspiel gefährdet. Der DFB würde nicht zulassen, dass

Durch den Zusatz des Wortes „nicht" wird das Bundesligaspiel BVB – HSV 1987 gerettet.

ein solcher Boykott-Aufruf während der 90 Minuten von Dortmund zu sehen sein würde. Genau das ergab eine morgendliche Anfrage von Sportdezernent Erich Rüttel bei den Herren in der Otto-Fleck-Schneise zu Frankfurt. Guter Rat war nunmehr also teuer! Zunächst versuchte die Sträter-Crew, die „Botschaft" mit grüner Farbe zu übermalen und dadurch verschwinden zu lassen. Das Ergebnis lautete: „Misserfolg".

Rüttel, der Vater des Westfalenstadions, berief eine innerstädtische Gesprächsrunde ein und erörterte mit seinen Sport- und Rechtsexperten die Situation. Den rettenden Einfall hatte Werner Spottke, der Leiter des Ordnungsamtes. Er schlug vor, den Boykott-Aufruf lediglich mit einem schlichten Wörtchen zu ergänzen. Die Idee fand allgemeine Zustimmung. Kleiner Haken: Wenn man es so machte, bedurfte man der offiziellen Genehmigung durch Bundespräsident Freiherr Richard von Weizsäcker, der ja als Absender der Botschaft klar und eindeutig erkennbar war. Flugs wurde telefonisch eine Verbindung nach Bonn hergestellt und der Gedanke unterbreitet. Von Weizsäcker fand lobende Worte für die Dortmunder Kreativität und segnete den Spottke-Vorschlag ab.

Als in den Abendstunden die Fußballfans ins Westfalenstadion strömten, staunten sie nicht schlecht, als sie auf dem Spielfeld lesen konnten: „DER BUNDESPRÄSIDENT: BOYKOTTIERT UND SABOTIERT DIE VOLKSZÄHLUNG NICHT." Das schlichte Wörtchen „nicht" hatte die Botschaft völlig umgekehrt.

Das Ende vom Lied: Das Spiel gegen den HSV konnte stattfinden und bescherte dem BVB einen wichtigen Sieg. Der Rasen im Westfalenstadion durfte gemütlich nachwachsen und sich damit peu à peu von der weißen Farbe trennen. Und: Die Volkszählung fand termingerecht statt. Spottke sei Dank!

JETZT WIRD'S PERSÖNLICH

DIE GEBURT DER FAN-TREFFS UND PUBLIC VIEWINGS

Anfang Januar 2007 war ich als Vertreter der zwölf WM-Städte anlässlich der ISPO in München. Dort nahm ich gemeinsam mit dem damaligen DFB-Präsidenten Dr. Gerhard Meyer-Vorfelder für die Organisation der Fan-Feste zur Fußball-Weltmeisterschaft 2006 den Deutschen Sport-Marketingpreis entgegen. Ich widmete ihn Jürgen Kießling, dem WM-Beauftragten Berlins, der sich, für uns alle unfassbar, in der Nacht des Finales zwischen Italien und Frankreich das Leben genommen hatte. Kießling war Vorsitzender des WM-Arbeitskreises des Deutschen Städtetages, ich sein Stellvertreter. Gemeinsam hatten wir im Verbund mit den Hamburgern und den Hannoveranern mit Verve dafür gestritten, dass die Fan-Feste mit Public Viewings zur WM „flächendeckend" durchgeführt werden konnten. Die FIFA war nämlich zunächst gar nicht für das Projekt. Aus ihrer

Sicht war es nicht erforderlich, band lediglich zusätzlich Geld, Organisationskraft und Personal. Die Haltung änderte sich allerdings, als man mit der Ticket-Vergabe in die öffentliche Diskussion geriet. Etwa 3,4 Millionen Karten standen zur Verfügung, die Nachfrage hingegen lag bei 30 Millionen. Hinzu kam eine wenig transparente Ticket-Vergabe, die allgemein in der Presse auf Kritik stieß. Flugs besann man sich eines Besseren, setzte auf die Fan-Feste mit der Live-Übertragung aller 64 Spiele und ernannte sie zu den WM-Stadien in den Innenstädten der Host-Citys. Auch im Umland waren die Fan-Feste – wenn auch zu anderen Bedingungen für die Veranstalter – auf einmal ein adäquates Mittel, die Fußballenthusiasten zu „bespaßen".

Erinnerungs-Aufkleber an den ersten Fan-Treff zum Spiel BVB – Celtic Glasgow Ende September 1987.

Das „Gesamtkunstwerk" Fan-Feste wurde der große Renner der WM. Zahllose Menschen in ganz Deutschland erinnern sich nach wie vor gern daran zurück. Was war das doch für eine entspannte Atmosphäre in den WM-Städten. Sonne, gute Laune, Public Viewing. Das war der erfolgreiche WM-Dreiklang in den Innenstädten. Danach ging die Karriere des „gemeinsamen öffentlichen Guckens" fröhlich weiter. Nicht nur der Fußball, sondern auch zahlreiche andere Sportarten und kulturelle Ereignisse bedienten sich der Übertragungen auf „Großleinwänden", wie man zunächst sagte, um spektakuläre Veranstaltungen in die Citys zu tragen und damit eine noch größere Resonanz zu erzielen.

Wenn heute auf der ganzen Welt Fußball-Übertragungen auf Video-Walls zur Freude der Fans möglich sind, dann sollte man nicht vergessen, dass die Wiege für dieses „neue" Veranstaltungsformat insbesondere in Dortmund stand.

Schon 1987 wurde unter der Bezeichnung „Fan-Treff" ein erster Versuch gemacht, Fans unterschiedlicher Vereine am Nachmittag eines großen internationalen BVB-Spiels gegen Celtic Glasgow zusammenzuführen. Das Ziel: Gemeinsam mit ihnen ein friedliches Fest in Vorfreude auf die abendliche Begegnung zu zelebrieren. Die Idee stammte vom Dortmunder Polizeidirektor Bernhard Leidiger, die inhaltliche Ausgestaltung lag in meinen Händen als dem für die fußballerischen Großveranstaltungen Zuständigen. Die UEFA war skeptisch, ging man dort doch davon aus, dass es viel richtiger sei, die Fans voneinander zu trennen. Fast wäre allerdings der erste

Fan-Treff auch tatsächlich der letzte gewesen. Ein Verbindungsoffizier der britischen Rheinarmee hatte uns nämlich den einmaligen Tipp gegeben, die Gordon Highlander aus Hamm, Dudelsackspieler mit Kilt und allem Drum und Dran, als besondere Attraktion einzuladen. Die Eliteeinheit der Highlander war allerdings in Nordirland in die Kämpfe gegen die dortige katholische Bevölkerung verwickelt gewesen. Die katholischen Celtic-Fans – quasi mit den Nordiren verwandt – wussten das und hätten um ein Haar den Dortmunder Alten Markt und seinen Fan-Treff mit einer zünftigen Prügelei entehrt. Ein Hinweis, der zur rechten Zeit bei mir landete, verhinderte Schlimmeres.

Sir Bobby Charlton im Frühjahr 1997 auf der Fan-Treff-Bühne vor dem Champions-League-Spiel BVB – ManU.

1989, anlässlich des DFB-Pokalendspiels BVB – Werder Bremen, kam das Public Viewing, also eine frei zugängliche öffentliche Spielübertragung, hinzu.
Für Dortmund wurden diese Veranstaltungen – es hat insgesamt über 50 gegeben – zu einer „Wunderwaffe gegen Fan-Ausschreitungen", wie eine große Dortmunder Tageszeitung einmal schrieb. Und von Dortmund aus gingen sie in alle Welt und machten eine große internationale Karriere. Anlässlich des Fan-Treffs vor dem Champions-League-Spiel des BVB gegen Manchester United im Frühjahr 1997, an dem auch der große Sir Bobby Charlton teilnahm, bemerkte ein offenbar bekehrter Beobachter der UEFA, das sei „Qualität aus Dortmund für die Fußballfans in aller Welt". Immerhin waren fast 10 000 Schlachtenbummler von der Insel ohne Eintrittskarten nach Dortmund gekommen, um hier in der City das Ereignis zu feiern. Die Live-Übertragung auf dem Alten Markt bescherte ihnen zwar eine knappe Niederlage ihres Teams, stimmte sie aber unabhängig davon derart positiv ein, dass zwei Wochen später zum Rückspiel in Manchester ebenfalls ein Fan-Treff durchgeführt wurde.

ZWEITER POKALSIEG: WERDER BREMEN 4:1 BEZWUNGEN

„BERLIN, BERLIN, WIR FAHREN NACH BERLIN"

Zu den kultigen Augenblicken der BVB-Heimspiele im Signal Iduna Park gehört die Bekanntgabe der Mannschaftsaufstellungen durch Stadionsprecher Norbert Dickel. Die größte Fußballtribüne Europas, die als „Gelbe Wand" bekannte Südtribüne, unterbricht den früheren Stürmerstar Dickel stets zu einem bestimmten Zeitpunkt mit einem Lied, das seinen Höhepunkt in der Zeile: „Wir lieben ihn, den Helden von Berlin", findet. Der legendäre Flipper-Song der 1970er-/80er-Jahre stand hier Pate.

Norbert Dickel (links) – früher Stürmer, heute Stadionsprecher und Legende.

Die Fans haben nicht – und werden wohl auch nie – vergessen, dass es Norbert Dickel war, der am 24. Juni 1989 zwei entscheidende Treffer zum 4:1-Sieg im DFB-Pokalendspiel gegen Werder Bremen beisteuerte.

Und nicht nur das: Der Einsatz von Dickel hing vor dem Match am sprichwörtlichen seidenen Faden. Nur sieben Wochen zuvor musste sich der Goalgetter einer Meniskusoperation unterziehen. Der Rekonvaleszent tauchte schon schnell wieder beim (Einzel-) Training auf, arbeitete hart an sich und seiner Form. Trotzdem: Sein Einsatz war unter sportlichen und ärztlichen Gesichtspunkten ein außerordentliches Risiko. Trainer Horst Köppel überließ die Einschätzung seiner Situation dem Stürmer selbst. Dickel meldete sich unmittelbar vor dem Finale spielbereit. Nicht alle modernen Märchen enden mit einem Happyend. Die Geschichte des Norbert Dickel allerdings mündete ein in seinen heutigen Kultstatus – siehe oben!

Eintrittskarte für das DFB-Pokalendspiel 1989 zwischen dem BVB und Werder Bremen.

Auf dem Weg ins Endspiel von Berlin hatte der BVB Eintracht Braunschweig, Homburg, Schalke, Karlsruhe und Stuttgart ausgeschaltet.

Borussia Dortmund, DFB-Pokalsieger 1989 nach Finalsieg gegen Werder: Zorc, de Beer, Dickel, Kroth, Kutowski, Breitzke, Müller, Helmer, M. Rummenigge, McLeod, Mill; eingewechselt wurden Lusch für Breitzke (73.) und Stork für Dickel (76.).

Unter den 76 500 Besuchern im Berliner Olympiastadion befinden sich mehr als 40 000 Dortmunder. Schon am Tag zuvor haben sie Berlin „erobert“ und durch ihr sportlich faires Verhalten viele Sympathien eingeheimst. Sie alle wollen dann das Olympiastadion zur „Südtribüne à la Dortmund“ umfunktionieren, so stimmungsvoll gehen sie zur Sache.
Die kalte Dusche folgt auf dem Fuße: Kalle Riedle, damals noch Werderaner, erzielt per Rechtsschuss das 1:0 für den Favoriten aus Bremen (14.). Borussias Antwort: Das 1:1 durch Norbert Dickel nach Pass von Frank Mill (21.). Teufelskerl Mill entpuppt sich nach der Halbzeitpause als Kopfball-Ungeheuer und besorgt das 2:1 (58.). Der nächste Treffer wird wieder eine „fette Beute“ für Norbert Dickel (73.). Und den Schlussakkord gönnt sich Michael Lusch nur 100 Sekunden später – 4:1, der Endstand. Die Borussen und ihr Trainer Horst Köppel liegen sich nach dem Schlusspfiff freudetrunken in den Armen. Werders Coach Otto Rehhagel, von 1976 bis 1978 auch Trainer von Borussia, ist mehr als konsterniert.
In Dortmund feiert man übrigens mit einer öffentlichen Spielübertragung in der Aula des Max-Planck-Gymnasiums die Geburtsstunde des Public Viewing. Und der Friedensplatz, erst genau eine Woche zuvor gemeinsam mit dem neuen Rathaus feierlich eröffnet, erlebt mit dem jubelnden Empfang des Deutschen Pokalsiegers 1989 am folgenden Sonntag seine Premiere als „Stadion Friedensplatz“. Gigantisch.

1990 – heute:
Dramatik 1992, große nationale und internationale Titelerfolge, einem Spiel fehlt ein Tor, der BVB wird 100 Jahre alt.

ZWEIMAL ZWEITER

... IN MEISTERSCHAFT UND UEFA-POKAL

Zu den Meilensteinen der Bundesligageschichte gehört die dramatische Spielzeit 1991/92. Borussia Dortmund hatte zu Saisonbeginn mit Ottmar Hitzfeld einen bei uns bis dahin relativ unbekannten Trainer verpflichtet, der „nur" in der Schweiz ein paar nationale Erfolge hatte feiern können. Hitzfeld passte zum BVB wie die legendäre Faust aufs Auge. Bereits sein erstes Jahr bei den Schwarz-Gelben verlief ausgesprochen positiv. Mehr noch: Der BVB schlug sich über Erwarten gut. Spannung war angesagt. Noch bis zur letzten Minute des 36. Spieltages (die Bundesliga umfasste nach der Wiedervereinigung 20 Clubs) konnten Borussia Dortmund, Eintracht Frankfurt und der VfB Stuttgart Deutscher Meister werden. Hitchcock persönlich schien Regie geführt zu haben ...
Der vergleichende Spielverlauf des Schlusstages sprach zunächst für den BVB: In Duisburg führten die Schwarz-Gelben bereits nach der 9. Minute durch ein Tor von „Chappi" Chapuisat mit 1:0 – damit hatte man die Nase vorn. Leverkusen ging zehn Minuten später gegen Stuttgart in Führung – auch gut für die Borussia. Das galt auch noch, als Fritz Walter kurz vor der Halbzeit den VfB-Ausgleich erzielte. In Rostock konnte Andy Möllers Eintracht Frankfurt die hochgesteckten Ambitionen nicht verwirklichen. Man unterlag sang- und klanglos mit 1:2 – Meisterschaftsträume ade!

Saison 1991/92: Ottmar Hitzfeld ist enttäuscht, dass es trotz des 1:0-Sieges in Duisburg mit der Meisterschaft nicht klappte.

Im tiefen Westen, in Leverkusen also, entwickelte sich hingegen ein dramatisches Ringen mit vielen spannenden Momenten. Und in der 86. Minute schaffte Christoph Daums VfB Stuttgart das „Meisterstück": Weltmeister Guido Buchwald erzielte den 2:1-Siegtreffer für seine Farben. Auf dem Dortmunder Friedensplatz, auf dem 25 000 BVB-Fans die Fernsehkonferenz des entscheidenden Spieltags live auf einer riesigen Übertragungsfläche erlebten, herrschte lähmendes Entsetzen. Immerhin wähnte man sich bis genau vier Minuten vor Schluss als Deutscher Meister. Ende, aus! Stuttgart mit dem früheren Dortmunder Eike Immel im Tor und dem – in diesem Match allerdings vom Platz gestellten – späteren Borussen Matthias Sammer in seinen Reihen, konnte die Meisterschale voller Stolz in Empfang nehmen.

Dieser „Endspieltag" mit seinem „Wimpernschlagfinale" wird für immer in Erinnerung bleiben. Eine großartige Bundesligasaison war beendet. Eine Spielzeit, in der der Neu-Borusse Stéphane Chapuisat zahlreiche Akzente setzte und mit 20 Saisontoren sofort nachwies, was für ein Juwel man da aus Uerdingen hatte einkaufen können.

Nicht vergessen werden sollte auch, dass ein gewisser Flemming Povlsen „zwischen den Spielzeiten" 1991 Borussias erster Fußball-Europameister wurde. Das dänische Team – nicht qualifiziert – wurde anstelle Jugoslawiens aufgrund des Bürgerkriegs auf dem Balkan nachträglich für die EM nominiert. Die Dänen kamen aus dem Urlaub zurück und wurden ohne große Vorbereitung Europameister. Im Endspiel besiegten sie Deutschland; aus der Traum für Icke Hässler und Co.

In der Saison 1992/93 gab es mit Stefan Reuter, René Tretschok und Ned Zelic, der von Olympia Sidney zum BVB stieß, interessante Neuzugänge. In der Winterpause kam Matthias Sammer hinzu, der bei Inter Mailand über eine Reservistenrolle kaum hinausgekommen war. Die Bundesliga-Spielzeit erlebte einen durchwachsenen BVB, der in der Endabrechung Vierter wurde. Deutlich besser lief es im UEFA-Cup. Zyperns Meister La Valetta, Celtic Glasgow, Saragossa, AS Rom und Auxerre waren die durchaus namhaften Gegner auf dem Weg ins Finale. Insbesondere das Halbfinale entwickelte sich zu einem echten Fußballkrimi. Borussia siegte zu Hause sicher mit 2:0. Eine gute Basis für das Rückspiel in Frankreich, so meinte man. Doch auch in Auxerre hieß es nach Ende der regulären Spielzeit und der Verlängerung 2:0 für den Gastgeber. Das Elfmeterschießen brachte dann einen echten Showdown. Von Strafstoß zu Strafstoß wurde die Spannung unerträglicher. Beim Stande von 5:5 fiel die Entscheidung: Michael Rummenigge, Borussias Mannschaftskapitän, behielt die Nerven und verwandelte zum 6:5, das die Franzosen nicht mehr egalisieren konnten.

In den beiden Endspielen gegen Juventus Turin zeigte sich dann, dass der BVB noch nicht reif für einen Sieg über Italiens große alte Dame war. Im Westfalenstadion gab es ein 1:3, bei Juve unterlagen die tapfer kämpfenden Schwarz-Gelben mit 0:3. Zwei spätere Superstars des BVB, Julio Cesar und Andreas Möller, spielten zu dieser Zeit noch bei Juventus und gehörten mit zu den herausragenden Stützen des neuen UEFA-Cup-Siegers.

Stéphane CHAPUISAT

Wolfgang DE BEER

Thomas FRANCK

Uwe GRAUER

Stefan KLOS

Günter KUTOWSKI

Michael LUSCH

Frank MILL

Knut REINHARDT

Stefan REUTER

Michael RUMMENIGGE

Bobo SCHMIDT

Lothar SIPPEL

René TRETSCHOK

Ned ZELIC

Michael ZORC

Zweites UEFA-Cup-Endspiel 1993 – Spielerkader.

ffen KARL

hard POSCHNER

hael SCHULZ

ıar HITZFELD

WEIHNACHTSGRÜSSE AUS DER WELTHAUPTSTADT DES FUSSBALLS

BVB „WELTPOKAL-SIEGER"

BVB-Fan zu sein, ist nicht immer schmerzfrei. Kurz vor Weihnachten 1997 war allerdings kollektive Freude angesagt. Denn in Tokio stand am 2. Dezember 1997 das Endspiel um den so genannten „Weltpokal" auf dem Programm.

Borussia Dortmund hatte sich durch den 3:1-Sieg im Mai über Juventus Turin glanzvoll qualifiziert. Der Münchener Erfolg bescherte dem BVB nach 1966 den zweiten Europacup. Kalle Riedle (2) und der blutjunge Lars Ricken waren damals die BVB-Torschützen.

Danach verabschiedete sich Ottmar Hitzfeld als Trainer, der Italiener Nevio Scala wurde auf seine Empfehlung hin Nachfolger.

Zahlreiche Schlachtenbummler aus Dortmund machten sich Anfang Dezember 1997 auf den langen Trip in Richtung Tokio, um ihren Mannen den Rücken zu stärken.

Die Borussen konnten im Spiel gegen den Südamerikameister Belo Horizonte wieder auf ihren Brasilianer Julio Cesar zurückgreifen, der im Champions-League-Endspiel gegen Turin verletzt pausieren musste. Die „Brasis" nahmen den Pokal-Endkampf so ernst, dass sie vor der Partie ihr Team mit namhaften Akteuren, unter ihnen Weltmeister Bebeto, „aufrüsteten".

47 000 Zuschauer folgten in Tokio dem Lockruf des Hauptsponsors Toyota und wohnten der Partie bei. Sie erlebten einen BVB, der mit breiter Brust in das Spiel ging und nach Toren von Michael Zorc (34.) und Heiko Herrlich (85.) sicher mit 2:0 gewann. Damit setzten sich die Mannen von Nevio Scala die Krone als weltbeste Vereinsmannschaft 1997 aufs Haupt und sorgten für einen weiteren krönenden Jahreshöhepunkt.

Mit Abstand bester Brasilianer auf dem Feld war BVB-Recke Julio Cesar; als insgesamt stärkster Akteur des Matches wurde der an diesem Tag unermüdliche Andreas Möller, der ein „Zuckerspiel" ablieferte, ausgezeichnet.

Er erhielt als Sonderprämie einen Mittelklassewagen des Hauptsponsors. Selbst Belo-Horizonte-Trainer Nelsinho erkannte die Dominanz der Schwarz-Gelben neidlos an. Eine faire Geste!

Oberbürgermeister Günter Samtlebe (2. von rechts) prostet mit einem guten Dortmunder Bier u. a. US-Außenminister Henry Kissinger (Mitte) zu, der 1974 im Rahmen der WM Dortmund besuchte.

Der damalige Dortmunder Oberbürgermeister Günter Samtlebe, über 25 Jahre der „erste Bürger" der westfälischen Metropole, war ein Schlitzohr par excellence! Deshalb kann es nicht verwundern, dass er sich nach dem großartigen Erfolg von Tokio auch etwas Außergewöhnliches ausdachte! Und so geschah es, dass wenige Tage vor dem Weihnachtsfest viele exponierte Persönlichkeiten des öffentlichen Lebens einen repräsentativen Kunstkalender aus Dortmund zugestellt bekamen. Zu ihnen gehörten Franz Beckenbauer, Ulli Hoeneß, Kalle Rummenigge, der Papst, die Schalker Freunde und viele mehr. Die Besonderheit des netten Präsentes aus Dortmund: Auf dem Titelblatt prangte in herrlichem Schwarz und Gelb ein speziell für diesen Zweck erstellter Aufkleber: „Weihnachtsgrüße aus der Welthauptstadt des Fußballs!"
Da werden die Kalender-Empfänger aber große Augen gemacht haben!
Und hier zum guten Schluss die Namen der Weltpokalsieger:
Klos, Feiersinger, Reuter, Cesar, Heinrich, Freund, Sousa, Zorc (80. Kirovski), Möller, Herrlich, Chapuisat (75. Decheiver).

1. APRIL 1998

MADRIDS „ULTRASUR" REISST TOR NIEDER

Der 1. April eines jeden Jahres gilt traditionell als Tag der Aprilscherze. Das, was sich am 1. April 1998 im Bernabeu-Stadion zu Madrid abspielte, mutete demzufolge wie ein Aprilscherz an. In Wirklichkeit war es der bislang größte Skandal in der Geschichte der Europacupspiele überhaupt. Diese zweifelhafte Auszeichnung gebührte bis dato dem legendären Büchsenwurf an das sensible Haupt des Mailänder Stürmerstars Boninsegna Jahre zuvor im Spiel Gladbach – Inter. Das 7:0 der „Fohlenelf" über Inter wurde annulliert – die Netzer und Co. schauten in die sprichwörtliche Röhre.

Zurück zum Ausgangspunkt. Der BVB, 1997 erster deutscher Champions-League-Sieger, startete auch in die folgende internationale Saison verheißungsvoll. Er überstand die Vorrunde unbeschadet und schaltete dann in der Runde der letzten vier den FC Bayern München aus. Das Los für das Halbfinale war spektakulär: Real Madrid hieß der Traumgegner. Das erste Spiel, eben für den 1. April 1998 angesetzt, sollte vor 90 000 Besuchern in Madrid stattfinden.

Für den BVB standen die Sterne schon vor dem Spiel nicht berauschend. Mit Kohler, Heinrich und Möller meldeten sich drei Nationalkicker und BVB-Säulen verletzt ab. Ein herber Schlag ins Kontor.

Real Madrid in der Saison 1997/98. In der zweiten Reihe in der Mitte: Trainer Jupp Heynckes.

Das Drama begann, nachdem die beiden Teams eingelaufen waren. Zahlreiche Mitglieder des politisch „rechten" spanischen Fan-Clubs „Ultrasur" kletterten unterhalb der Südtribüne auf den Zaun hinter dem Tor und rüt-

telten und schüttelten kräftig an der Absperrung. Diese jedoch war mit dem Tor verknüpft, das bedenklich zu wanken begann, dann spektakulär abbrach und letztlich umkippte.
Dieses Verhalten der „Ultrasur“ war keineswegs neu. Bereits im Heimspiel zuvor war ein ähnliches Fan-Gehabe beobachtet worden, das in diesem Fall jedoch nicht zum Torbruch führte. Aber: Real hätte gewarnt sein müssen.
Was nun folgte, war reif fürs Kabarett: 73 Minuten lang versuchten die Gastgeber, das Tor zu reparieren. Vergeblich. Zu guter Letzt wurde von einem weit entfernten Übungsplatz ein Trainingstor herbeigekarrt und „eingepflanzt“. Das Spiel konnte endlich beginnen.
Der BVB hätte eigentlich bereits zuvor das Stadion wieder verlassen können. Immerhin hatte es der Gastgeber regelwidrig versäumt, einen spielfähigen Platz anzubieten. Die noble Haltung des BVB zahlte sich aber nicht aus. Man verlor mit 0:2, kam im Rückspiel über ein 0:0 nicht hinaus und war aus dem Wettbewerb ausgeschieden.
In einer besonderen Situation befanden sich in den ominösen 73 Minuten von Madrid die beiden RTL-Kommentatoren Günter Jauch – im Studio – und Marcel Reiff vor Ort. Sie mussten die Zeit des Wartens überbrücken und machten dies ohne Frage virtuos. Einer der verbalen Höhepunkte: „Was diesem Spiel fehlt, ist ein Tor!“ Wie wahr! Jauch und Reiff erhielten für ihre geistreiche Blödelei – sprich: Pausenmoderation – übrigens kurze Zeit später einen der begehrten „Grimme-Preise“.
Für Borussia Dortmund allerdings hat der 1. April 1998 selbst Jahre danach immer noch den Charakter eines Alptraums.

DAS WM-GESCHENK DES BVB

DORTMUND WM-STADT

Als im März 2002 eine Dortmunder Delegation mit Oberbürgermeister Dr. Gerhard Langemeyer und BVB-Präsident Dr. Gerd Niebaum an der Spitze nach Frankfurt reiste, führte sie viel Optimismus mit im Gepäck. Das Ziel war die Alte Oper, der Zweck der Expedition klar umrissen: Dortmund wollte zum zweiten Male Austragungsstadt einer Fußball-Weltmeisterschaft werden. 1974 war es schon einmal gelungen, die Augen der Fußballwelt auf Dortmund zu richten. Vier WM-Spiele gab es damals, darunter das legendäre Match zwischen dem amtierenden Weltmeister Brasilien und den Niederlanden, das das Team des großen Johan Cruyff souverän mit 2:0 gewann. Nach diesem Erfolg stand den westlichen Nachbarn das Tor zur Weltmeisterschaft weit offen. Trotz eines überlegen geführten Spiels unterlagen die Holländer allerdings im Endspiel gegen Deutschland mit 1:2. Ein genial aufgelegter Sepp Maier verhinderte mit großartigen Paraden den Sieg der Herren in „Oranje“.

Aufkleber der WM-Stadt 2006 Dortmund.

2006 wollte Dortmund das WM-Feeling wiederholen. Doch zunächst musste die Hürde „Auswahl der WM-Städte“ genommen werden. In der Alten Oper war die Spannung fast mit Händen zu greifen. Hier brandete Jubel auf, dort gab es lange Gesichter. Der Bremer Bürgermeister Henning Scherff beispielsweise weinte hemmungslos, als ihn ein negatives Ergebnis ereilte. Seine Stadt war nicht dabei! Dortmund hingegen konnte gemeinsam mit elf anderen Städten über die Nominierung jubeln.
Nochmals spannend wurde es dann im Dezember 2005, als in Leipzig das Final Draw zelebriert wurde, um die Spielpaarungen der Vorrunde festzulegen. Dortmund konnte sich wieder freuen! Deutschland, Polen, die Schweiz, Togo, Schweden, Trinidad & Tobago, Japan und Brasilien waren die Mannschaften, die im „FIFA-WM-Stadion Dortmund“ ihre Visitenkarte abgeben würden. Nach den Gruppenspielen konnte Dortmund kollektiv frohlocken: Brasilien und Ghana im Achtelfinale sowie Italien und Deutschland im Halbfinale verhießen weitere Fußball-Delikatessen.
Es wurde für Dortmund ein klassisches „Sommermärchen“. Ein „Sommermärchen“, das der BVB seiner Heimatstadt Dortmund schenkte. Denn Borussia hatte sich für die WM beworben, die Stadt war lediglich „Juniorpartner“. Ein Juniorpartner allerdings, der von dem BVB-Geschenk außerordentlich profitierte. Die Spiele waren hervorragend organisiert, bestens besucht und brachten tollen Sport. Zwei Millionen Menschen feierten darüber hinaus in den Straßen der Stadt und beim Public Viewing auf dem Friedensplatz ein überwältigendes Fest des Weltfußballs.
Dortmund präsentierte sich als großartiger Gastgeber und bezog die Nachbarn der Region mit in das WM-Geschehen ein. Frei nach dem Motto: „Der WM-Kuchen ist groß genug für alle!“ Die angeblich sturen und behäbigen Westfalen hatten ihre Chance erkannt und genutzt.

Offizielle FIFA-Urkunde für die „WM-Stadt 2006“ Dortmund.

Über 200 Mio. Euro wurden in die WM investiert. Der Signal Iduna Park wurde zu einem Superstadion der Extraklasse, die städtische Verkehrsinfrastruktur mit Hilfe des Bundes und des Landes NRW auf Vordermann gebracht. Herausragend der neue Haltepunkt der Bahn und die WM-Meile „Hohe Straße"! Aus dem Medienzentrum West der FIFA in den Westfalenhallen schickten 6000 internationale Journalisten ihre Eindrücke von den WM-Spielen und „von Land und Leuten" in alle Welt. Der Werbewert der Medien-Berichterstattung lag bei gut 150 Mio. Euro. Allein für Dortmund, versteht sich.
Das „Stadion am Hauptbahnhof", der legendäre „Rote Teppich", das „WM-Show-Fenster" mit der Geschichte des Fußballs, die geflügelten WM-Nashörner für jedes Gastland: Dortmund fand sein Sonntagsgesicht, wie es die Süddeutsche Zeitung formulierte. Es gab Flaggenschmuck, Begrüßungs-Großflächen, WM-Sofas, und, und, und.
Gastronomie und Einzelhandel freuten sich, in Hotels und Privatquartieren wurden Tausende Übernachtungsmöglichkeiten für jeden Geldbeutel angeboten, Straßenbahnen und Omnibusse legten Sonderschichten ein, die Sauberkeit in der Stadt war vorbildlich! Edson Militao, ein brasilianischer Journalist, war vom Dortmunder „WM-Gesamtkunstwerk" so angetan, dass er die Dortmunder als die Brasilianer Nordrhein-Westfalens feierte.
Das Gesamtergebnis aller WM-Bemühungen: Die Gäste lobten das Stadion, die Stadt, ihre Angebote, ihre Gastgeber und die einzigartige Atmosphäre überschwänglich. Schlussbemerkung: Der BVB hatte Dortmund ein tolles WM-Geschenk gemacht, an das heute noch die ganze Region voller Freude zurückdenkt!

BVB FEIERT 100. GEBURTSTAG

LARS RICKENS „TOR DES JAHRHUNDERTS"

Der 19. Dezember 2009 war für Dortmund und die gesamte fußballverrückte Region ein großer Tag: Borussia Dortmund, der BVB, wurde stolze 100 Jahre alt. Gefeiert wurde auf hohem Niveau ein ganzes Jahr lang. Begonnen hatte es zum 99. Geburtstag, also genau ein Jahr zuvor, in der Dreifaltigkeitskirche des Dortmunder Nordens, aus der der BVB 1909 hervorging, mit einem Festgottesdienst. Dann folgten Monat für Monat Veranstaltungen unterschiedlichster Ausrichtung und Prägung, die alle ihr Publikum und in der Presse ein sehr positives Echo fanden. Je näher der große Tag des Jubiläums rückte, desto größer wurden Spannung und Vorfreude. Und keiner wurde enttäuscht:
Am Vorabend des Geburtstags fand in der Bürgerhalle des Rathauses bereits ein offizieller Festakt statt. Ehrengäste wie Bundesinnenminister Dr. Thomas de Maizière, NRW-Ministerpräsident Dr. Jürgen Rüttgers, DFB-

Die weltberühmte Mezzo-Sopranistin Elina Garanca war Stargast der Gala zum 100. BVB-Geburtstag im Dortmunder Rathaus.

Präsident Dr. Theo Zwanziger und viele mehr gaben sich auf Einladung von BVB-Präsident Dr. Reinhard Rauball und Oberbürgermeister Ullrich Sierau ein Stelldichein, um dem BVB zu huldigen.

Die besondere Überraschung: Die weltbekannte Mezzo-Sopranistin Elina Garanca aus Riga unterstrich die kulturelle Bedeutung des Abends und sang Arien aus „Carmen" von Bizet. Mit dieser Partie hatte sie kurz zuvor die kritischen Opernfans der Metropolitan Opera New York verzückt! Als sie dann gemeinsam mit Reinhard Rauballs Bruder Wolfgang „You'll never walk alone" sang, geriet das Publikum schier aus dem Häuschen.

Am Geburtstag selbst gab es noch eine fußballerische Pflichtaufgabe zu erledigen: Bei eisigen Temperaturen besiegte der BVB standesgemäß in einer Bundesligapartie die Freiburger. Dann ging es ab in die Westfalenhalle zur großen Geburtstagsfete mit über 10 000 BVB-Fans.

Der Höhepunkte gab es unendlich viele. Bekannte Gesichter aus vielen Jahrzehnten ließen sich von Moderator Gerhard Delling auf die Bühne holen. Ob Ottmar Hitzfeld, der erfolgreichste BVB-Trainer aller Zeiten, ob „Goldköpfchen" Franz Brungs, der im größten aller BVB-Spiele am 4. Dezember 1963 beim 5:0-Sieg über Eusebios Benfica Lissabon sage und schreibe drei Treffer erzielte, der Abend war glanzvoll von der ersten bis zur letzten Minute. Den musikalischen Höhepunkt setzte Udo Jürgens, der als Stargast auftrat und einige seiner Song-Texte mit BVB-Bezügen „veredelte".

Einer der anwesenden BVB-Spieler war besonders stolz: Lars Ricken, dessen Treffer zum entscheidenden 3:1 gegen Juventus Turin im Champions-League-Endspiel 1997 im Münchener Olympiastadion zum „BVB-Tor des Jahrhunderts" gewählt wurde. Wir erinnern uns: In der 70. Minute war das 19-jährige Supertalent Ricken für Stéphane Chapuisat eingewechselt worden. Mit seiner ersten Ballberührung überhaupt nahm er einen schönen Pass von Andy Möller auf und verwandelte unhaltbar für Juve-Keeper Peruzzi mit einer legendären Bogenlampe aus knapp 30 Metern. Der BVB war der „alten Dame" Juventus mit 3:1 uneinholbar enteilt und wurde geradezu sensationell Champions-League-Sieger. Das war der bislang größte Erfolg des BVB, der auch nicht durch den Gewinn des so genannten „Weltpokals" im Dezember 1997, als man in Tokio Belo Horizonte mit 2:0 schlug, getoppt werden konnte.

Lars Ricken, der 1997 das „BVB-Tor des Jahrhunderts" gegen Juventus Turin erzielte.

BVB kurios (2. Teil)

war endgültig unter Dach und Fach, als die Rheinländer unmittelbar vor dem Schlusspfiff ihren dritten Strafstoß vergeigten.

1966: Was heiß hier Nebel?
„Entschuldigung, Herr Tilkowski, war der Ball gerade drin?" So etwa könnte die Frage von Schiedsrichter Henning aus Duisburg an den schwarzen „Til" im Tor des BVB gelautet haben, als er, in einer dichten Nebelwand stehend, einen Schuss der Schalker auf das BVB-Gehäuse beurteilen wollte und musste.
Es ist der 12. November 1966. Der BVB empfängt im Stadion „Rote Erde" den FC Schalke 04 zum Revierderby. Das ist immer ein besonderes Ereignis, das die Massen elektrisiert. In diesem Fall liegt die besondere Delikatesse darin, dass der BVB bis zur Halbzeit bereits mit 4:0 führt. Ein Debakel für die Knappen.

Eintrittskarte für das Nebelspiel BVB – Schalke 04 1966.

In der Pause will Petrus das schrecklich einseitige Spiel beenden und schickt dichten Nebel in die Kampfbahn. Petrus hat allerdings die Rechnung ohne den Schiedsrichter gemacht. Henning beurteilt die Situation, entscheidet zum Erstaunen aller Besucher, dass alles okay ist und lässt die Partie weiterlaufen. Der Nebel wird noch dichter. Die Zuschauer können nur noch schemenhaft etwas erkennen. Ähnlich geht es den Spielern. Nur der Referee hat keine Probleme mit der Situation und bringt das Spiel fröhlich über die Zeit. 6:2 heißt es nach 90 Minuten für den BVB. So jedenfalls sagt Schiedsrichter Henning souverän. Diese Aussage muss man so hinnehmen. Bestätigen kann das Ergebnis sonst nämlich kaum jemand.

1968: Rolli-Eis für Nigbur
Ende der 1960er-Jahre war der „Rolli-Eisverkäufer" (Slogan: Rolli, Rolli-Eis am Balken, einer leckt und zehne halten") ein gern gesehener Gast in der „Roten Erde". Anlässlich eines Bundesligaspiels gegen Schalke gab es folgende Episode: Als die Schalker mit Mann und Maus das BVB-Tor berannten, tauchte der „Rolli-Mann" unvermittelt im Strafraum von Norbert Nigbur auf. Nachdem er sich ein paar Sekunden am Torpfosten ausgeruht hatte, ging er zum verdutzten Norbert und bot dem Schalke-Keeper Sekunden später sogar ein Eis am Stiel als „kleine Leckerei am Rande" an. Dieser lehnte konsterniert ab. Schade für den gastfreundlichen Eismann!

Der Rolli-Eismann „bereichert" die Situation durch ein forsches Eindringen in den Schalker Strafraum. Heute absolut undenkbar!